A HUMANIDADE EM BUSCA DE SI

A HUMANIDADE EM BUSCA DE SI
UM ENCONTRO ENTRE
MARCELO GLEISER & LEANDRO KARNAL

COLEÇÃO
SEGREDOS DA VIDA

1ª edição

EDITORA RECORD
RIO DE JANEIRO • SÃO PAULO
2025

CIP-BRASIL. CATALOGAÇÃO NA PUBLICAÇÃO
SINDICATO NACIONAL DOS EDITORES DE LIVROS, RJ

G468h

Gleiser, Marcelo.
 A humanidade em busca de si : um encontro entre Marcelo Gleiser e Leandro Karnal / Marcelo Gleiser, Leandro Karnal. - 1. ed. - Rio de Janeiro : Record, 2025.
  (Segredos da vida ; 2)

 ISBN 978-85-01-92380-6

 1. Filosofia. 2. Ética. 3. Humanidade. I. Karnal, Leandro. II. Título. III. Série.

24-95562

CDD: 128
CDU: 113

Gabriela Faray Ferreira Lopes - Bibliotecária - CRB-7/6643

Copyright © Marcelo Gleiser e Leandro Karnal, 2025

Todos os direitos reservados. Proibida a reprodução, armazenamento ou transmissão de partes deste livro, através de quaisquer meios, sem prévia autorização por escrito.

Texto revisado segundo o novo Acordo Ortográfico da Língua Portuguesa.

Direitos exclusivos desta edição reservados pela
EDITORA RECORD LTDA.
Rua Argentina, 171 – 20921-380 – Rio de Janeiro, RJ – Tel.: (21) 2585-2000.

Impresso no Brasil

ISBN 978-85-01-92380-6

Seja um leitor preferencial Record.
Cadastre-se em www.record.com.br
e receba informações sobre nossos
lançamentos e nossas promoções.

EDITORA AFILIADA

Atendimento e venda direta ao leitor:
sac@record.com.br

"Sim, vocês são motivo de riso para mim, vocês homens do presente! E especialmente quando se acham tão especiais!"

Friedrich Nietzsche, *Assim falou Zaratustra*

A todos os que mantêm viva a curiosidade de saber
quem somos, mesmo sabendo que não existem certezas,
apenas intenções.

SUMÁRIO

Sobre a coleção   11

PARTE I   Sobre a verdade   13
PARTE II   Sobre a criatividade   55
PARTE III   Sobre a ciência e a religião   87
PARTE IV   Sobre a liberdade   131

Agradecimentos   167

SOBRE A COLEÇÃO

Durante os dois primeiros anos da grande pandemia que vivenciamos, fomos forçados a repensar nossas vidas. Sob o ponto de vista prático, o trabalho foi interrompido ou relegado a funcionar remotamente. As escolas pararam ou se tornaram viáveis online apenas. As famílias se distanciaram. Pessoas queridas morreram, muitas vezes sem a companhia dos entes amados. Perdemos todos, ficando desnorteados pela força de circunstâncias além do nosso controle. A aproximação, quando possível, foi relegada ao virtual. Foi nesse contexto que decidi recriar minha presença na mídia social, em particular no YouTube, produzindo conteúdos gratuitos sobre ciência, filosofia, religião, história, procurando sempre abordar temas que fossem relevantes para os que me acompanhavam. Foi nesse cenário que criamos o Papo Astral, encontros ao vivo com pessoas notáveis, deixando registradas para a posteridade ideias de pensadoras e pensadores dos mais variados, de cientistas e filósofos a empreendedores sociais.

Nesses tempos conturbados em que vivemos, precisamos estar juntos, celebrando o espírito humano, trazendo para perto de nós o conhecimento e a sabedoria das eras. Essa é a intenção da coleção Segredos da Vida. Nessas conversas, abordamos temas diferenciados e transformadores, com a intenção de impactar nossos leitores, buscando inspirar uma reflexão mais profunda sobre temas que considero essenciais. Aqueles que nos fazem acordar todos os dias com um senso de missão: melhorar nossa vida e a das pessoas à nossa volta. Da filosofia à religião, da ciência à história, reunimos aqui uma grande diversidade temática que, tenho certeza, ressoará em todos aqueles que abrirem esses volumes com a intenção de se renovar.

Essas conversas são, antes de mais nada, um convite. Um convite para crescermos juntos, para aprendermos com pontos de vista diferentes, para expandirmos nossos horizontes intelectuais e emocionais, para aprimorarmos a arte do bem viver. Espero que, ao fim, sua jornada tenha sido tão gratificante quanto a minha.

Marcelo Gleiser
Hanôver, maio de 2022

PARTE I

Sobre a verdade

MARCELO GLEISER: Bem-vindo, Leandro, a este nosso encontro tão esperado por mim. É uma satisfação enorme poder partilhar desse tempo contigo, e trocar ideias que, espero, sejam úteis e inspiradoras para nossos leitores. Pensei em aproveitar seu conhecimento enciclopédico sobre milhões de coisas para abordar temas que são atualmente importantes para as pessoas e, ao mesmo tempo, possuem uma extemporaneidade, podendo existir e resistir às coisas que acontecem, agora, neste nosso contexto — por exemplo, pensamentos sobre pandemias, tanto agora quanto no decorrer da história etc.

Queria, portanto, começar nossa conversa a partir de uma questão na qual muitos, certamente, têm pensado: a ideia de verdade.

Cientistas, sobretudo aqueles que não lidam muito com filosofia — infelizmente a maioria —, acreditam que a ciência seja um caminho para a verdade. Em particular, muitos creem que, ao elaborar uma teoria ou obter resultados verificados por experimentos, estão se aproximando de uma verdade que "existe no mundo" de alguma forma. Obviamente, a questão da verdade é muito mais sutil do que isso; é um assunto com o qual as pessoas das áreas humanas têm se preocupado há muito mais tempo do que a ciência existe.

Portanto, queria começar falando sobre a natureza da verdade. O que a palavra "verdade" significa quando a usamos? E como podemos associar a ideia de verdade à ideia de credibilidade, especialmente a credibilidade da fonte que projeta uma asserção que pode ser julgada como sendo verdadeira ou falsa?

Existe, ou pode existir, uma definição mais ampla e abrangente do que chamamos de verdade?

LEANDRO KARNAL: É, eu poderia dizer — e aqui seria muito aristotélico, Marcelo, e essa é uma forma de definir — que a verdade seria a parte cognoscível do real, ou seja, a verdade guarda, na sua atribuição, um pouco de arbitrário, um pouco de subjetivo, isto é, a parte cognoscível, não o todo, e que existiria um real maior do que o todo.

Mas essa definição aristotélica, relida durante o tomismo na Idade Média, tem um problema: ela pressupõe a Verdade, em geral escrita com letra maiúscula, definida como Jesus diz no Evangelho: "Eu sou o Caminho, a Verdade e a Vida." Então podemos começar pensando que existe uma postura por vezes associada a certa ciência e teologia — de que há "a Verdade", no sentido de que ela é absoluta, intocada, e que você, humano, e eu, humano, podemos nos aproximar e expressar parte dela ou mesmo deformá-la, mas que existe a Verdade.

É claro, à medida que eu avanço na linguagem para o século XX, vou encontrar muitas teorias, especialmente em pós-estruturalismo, que pensarão em convenções. Ou seja, o que nós chamamos de verdade, hoje, é uma atualização dessa definição de Albert Einstein do estado atual dos nossos erros.

Porém, para além de Einstein, existe a questão de que não é possível construir uma verdade; ela sempre guardará o seu tom relativo, subjetivo, histórico, conjectural.

Existe um texto de que nós, historiadores, gostamos muito, e que conheci não na obra de seu autor, Jorge Luis Borges, mas no prefácio ao texto de Michel Foucault, *As palavras e as coisas*. É uma obra dos anos 1960, na qual Foucault tenta estabelecer critérios — vou usar

SOBRE A VERDADE

primeiro a palavra mais complicada — epistemológicos, critérios de validação da verdade. Lá, ele cita Borges, que teria — a partir do idioma analítico de John Wilkins — criado uma enciclopédia chinesa, que ele atribui a um tal de doutor Franz Kuhn, e que classifica os animais em catorze categorias.

Por que estou citando isso? Porque a classificação já é um dos critérios de apreensão da verdade. Como classificamos os animais em vertebrados e invertebrados, mamíferos e répteis etc., os homens do século XVIII, que começaram esse impulso de classificação, fazem parte de um determinado critério de ciência.

No texto de Borges, coligido por Foucault, existem os animais — citando de cabeça — pertencentes ao imperador, os embalsamados, os amestrados, os leitões, as sereias, os desenhados com pincel finíssimo de pelo de camelo, os que acabaram de quebrar um vaso, os que de longe parecem moscas etc. Ao criar esse critério, que não tem nenhuma ordem dentro do meu critério epistemológico, sou apresentado, na forma hipotética de uma enciclopédia chinesa, a uma outra epistemologia que talvez faça sentido para os chineses.

MG: Ou seja, parece que Borges aqui brinca com a proposta de seriedade dos critérios científicos, mostrando a existência de uma enorme arbitrariedade que, nesse exemplo, tem um viés cultural: o que para os chineses pode fazer todo sentido, para um cientista do Ocidente não teria o menor valor como critério de verdade.

LK: Claro que isso é uma ficção, mas o que quero dizer é que, quando criança, nós aprendíamos, no então 4º ano primário, que os animais eram nocivos ou úteis. E é claro que a classificação da biologia não me trazia à luz que esse era um critério antropocêntrico — a ideia de que o cupim, por exemplo era nocivo para mim, ou que a ovelha era

A HUMANIDADE EM BUSCA DE SI

útil para mim. No entanto, dentro da ordem da natureza não existe moral, não existe uma "ética"; logo, a natureza funciona dentro de outras lógicas.

Continuando a discussão — que é infinita, e estou simplificando muito aqui —, para afirmar o que *é* a verdade verdadeira, o fato objetivo, a lei universal, a lei mecânica, tenho que especificar qual é o critério de validação. É verificável pelos olhos? É verificável por instrumentos científicos, como o microscópio eletrônico? É transmissível, independentemente da origem do sujeito?

Essas perguntas têm que ser feitas para imaginar se a verdade é objetiva, subjetiva ou se depende de uma interação entre sujeito e objeto.

Apesar de tudo isso parecer ligeiramente complicado, todos que são da área de teoria da ciência, método científico e Filosofia dirão que fui muito plano e muito eliminador de contradições em cada frase que usei anteriormente. Este é um assunto bem mais complexo.

Mas eu diria que há muitas tribos.

Sim, existe a verdade; ela está na natureza ou em Deus, nas leis científicas ou em Deus. Ou está no deus que criou as leis científicas, aqueles que dizem "existe", mas nós só nos aproximamos dela de forma indireta, por visões e espelhos.

Finalmente, há aqueles que dizem não existir verdade, os relativistas absolutos, os céticos absolutos, que constroem o que querem.

MG: Ótima primeira introdução à questão da verdade! Podemos, então, nos aprofundar um pouco a respeito disso, porque valerá a pena. Na ciência, existem essencialmente duas vertentes. Uma que eu chamaria de platônica e outra que chamaria de antiplatônica, ou melhor, heraclítica, seguindo a linha de Heráclito.

No caso do platonismo, inspirado no pensamento de Platão na Grécia Antiga, o único caminho para a Verdade seria através da

SOBRE A VERDADE

razão. Platão dizia que os sentidos mentem, que os sentidos iludem. Portanto, quando tentamos apreender a natureza da realidade através do que vemos do mundo, do que escutamos, através dos nossos cinco sentidos, temos uma percepção do real que pode nos enganar.

E nós sabemos disso na prática: basta beber duas garrafas de vinho e o que você entende como realidade fica profundamente deformado. Sob a ação do vinho, você vê coisas que não estão ou que não deveriam estar lá. A realidade percebida pelos sentidos pode ser falsa.

Para evitar isso, Platão propõe, na sua famosa Alegoria da Caverna, no livro 7 de seu diálogo *A república*, que o caminho para a verdade seja um caminho racional, um caminho que a mente deve contemplar. Uma das analogias que ele cria, que acho fantástica, é a ideia de que um círculo só é perfeito enquanto ideia. Quando pedimos a alguém que imagine um círculo, aquela ideia é o único círculo perfeito que existe. Qualquer representação concreta de um círculo, independentemente de quão sofisticada seja a tecnologia usada — por exemplo, um círculo criado numa impressora a laser de 3.600 DPIs e que, portanto, existe na nossa realidade sensorial (nós podemos vê-lo no papel) —, nunca vai ser tão perfeita quanto aquela que é imaginada.

Essa posição cria uma separação entre o imaginário e o real, em que a percepção que nós, humanos, temos do real é necessariamente incompleta, ilusória e, portanto, só através da mente conseguimos, de fato, nos aproximar dessa coisa semidivina que seria aquela verdade absoluta, permanente.

E existe uma visão de mundo oposta a essa: apesar de nós, humanos, termos os nossos limites, podemos apenas perceber o real e buscar a verdade nesse real através da experiência de estarmos vivos, através dos nossos sentidos que são, afinal, nossas "antenas" para o mundo. Obviamente, podemos imaginar que exista uma realidade profunda, mas temos que aceitar que ela é inacessível à nossa percepção limitada do real. Mesmo os nossos instrumentos científicos, que ampliam nossa percepção do mundo magnificando coisas invisíveis aos olhos, nos revelando aspectos do universo que não podemos ver a olho nu, têm um limite no seu alcance ou precisão e não passam dali. O que chamamos de mundo, portanto, muda de acordo com o que vemos, com o que podemos ver do mundo.

Por exemplo, considere nossa visão do cosmos antes e depois de Galileu Galilei, ou seja, no início do século XVII. Galileu foi o primeiro a usar o telescópio para observar os céus. E o instrumento mudou nossa visão do cosmos. O que chamávamos de "Terra", "planeta", "céu" eram coisas completamente diferentes. Com isso, o que julgamos ser verdade é muito contextual. Mesmo cientificamente! Quero aqui tentar esvaziar um pouco aquela percepção de que a ciência tem uma resposta definitiva para a natureza da verdade. O que ocorre é exatamente o oposto: quanto mais bem enxergamos o mundo, mais elaboramos e transformamos o que poderíamos chamar de "a verdade do mundo".

LK: E, de novo, a ideia é ótima. É bom voltar à fonte. Platão é uma grande fonte, só que devemos sempre lembrar que os gregos tinham a tendência universalizante do seu pensamento. Para o grego, o que era o correto, o civilizado, o fora da barbárie, era exatamente a concepção do mundo grego.

Os gregos tinham muita dificuldade com a alteridade. Se um sábio hindu da mesma época de Platão conversasse com ele, diria que a ideia de que só a razão nos conduz à perfeição é uma herança do "Véu de Maya", ou seja, de que a crença numa objetividade absoluta é mera ilusão, que a verdade profunda não é acessível à razão humana ou aos nossos sentidos. Ou, pelo contrário, algum sábio da Ásia afirma que apenas bebendo um pouco das duas garrafas de vinho que você citou

SOBRE A VERDADE

eu perderia um pouco a fixação na objetividade da linha e entenderia que a linha reta que vejo sóbrio é própria da arte renascentista, e que bebendo me aproximo mais do impressionismo, ou seja, contornos imprecisos, e que ambos continuam sendo expressões artísticas, que representam de formas diferentes nossa percepção da realidade.

Mas o mais importante é: o que é um círculo perfeito? Se determino que seja aquele perfeito geometricamente, estou elegendo como critério absoluto a geometria. E, claro, Euclides, Platão, Pitágoras e tantos outros talvez elegessem que sem o conhecimento da geometria não se pode entrar nessa escola de filosofia, porque a geometria traz um pouco dessa questão absoluta e assim por diante.

Aprendi com um matemático que a matemática tende a ser passada de forma objetiva, no nível baixo intermediário que atingimos — uma pessoa como eu —, mas que, quando você avança para a "matemática superior", a carga imaginativa cresce e você deixa de pensar nessas abstrações, que são as cifras. Na escola, quando a professora, no fundamental, ensinou a fórmula para resolver uma equação de segundo grau, aqui chamada de Bhaskara, que diz que "$x = -b$ mais ou menos raiz quadrada de $b^2 - 4ac$ sobre $2a$", eu brincava dizendo: "Bom, é mais ou menos? Vai me dizer que a matemática é precisa?"

MG: Agora entendi por que você virou historiador!

LK: Ou seja, isso é uma maneira de brincar com a ideia de que sim, há verdades mais objetivas do que outras. Todos os seres humanos, se tiverem sua cabeça completamente separada do tronco, morrerão. Essa era uma verdade no antigo Império Egípcio e ainda é hoje no Vale do Silício dos Estados Unidos. Não depende da religião, nem do carrasco, nem da vítima. Não depende da concepção de vida após a morte; não depende da escola em que ela se insere.

No entanto, dizer, por exemplo, que o belo é formado pela harmonia da simetria bilateral, é totalmente subjetivo, já que não inclui vanguardas e outras questões. A questão é que a primeira proposta, como "a água ferve a 100 °C ao nível do oceano" ou "a cabeça separada do tronco provoca a morte", é uma maneira de estabelecer, como objetivo empírico universal, a verdade. Então, retorno à enciclopédia chinesa.

Talvez, para outras concepções, isso não seria válido, mas estou estabelecendo um critério nascido de uma revolução científica ocorrida dos séculos XVI e XVII, especialmente com René Descartes, especialmente com Francis Bacon, talvez com David Hume lá na Escócia, que estabelecem esse objetivo real, verificável e demonstrável como superior a todas as outras verdades subjetivas que passam a ser crenças ou ideologias.

O termo "ideologia" vai ser de vasta tradição no século XIX. Para Karl Marx, por exemplo, vai significar aquilo que vela relações de dominação e, como tal, um novo "Véu de Maya". Mas posso entender ideologia como o que me afasta da visão objetiva, como é usado hoje no senso comum. "Isso é uma proposta ideológica!", como se Descartes, Adam Smith e Marx não tivessem suas ideologias.

O grande desafio é: o que eu proponho que não dependa do proponente? O que eu proponho que não dependa da subjetivação, não dependa do sujeito proponente, do momento ou da concepção que ele faz das coisas?

Nós aprendemos que até a biologia pode ser alvo, por exemplo, de pensamento machista porque a observação da fecundação do óvulo pelo espermatozoide sempre foi feita tradicionalmente por biólogos homens, que descreveram um processo de espermatozoides bravos, ágeis, intrépidos, que atravessam zonas inóspitas de acidez e de adversidades até que o mais forte chegue primeiro até o óvulo. E pouco se percebeu que o óvulo tinha um papel bastante ativo na seleção desse espermatozoide.

SOBRE A VERDADE

Era um olhar que hoje debatemos, sobre a reconstituição de uma família pré-histórica que está lá no Museu de História Natural de Nova York, ali ao lado do Central Park, a partir de pegadas na África, uma maior e uma menor. Naturalmente, ao se fazer aquele diorama no museu, a escolha foi representar um homem levando pela mão uma mulher menor. Ora, as pegadas poderiam ser de um pai e de um filho, ou de uma mulher maior e de uma mulher menor, ou de um homem maior e de um homem menor — mas nós escolhemos introduzir o conceito de família no dado objetivo observável das pegadas petrificadas na África.

Ou seja, as brumas da metafísica — a subjetividade — aparentam ser inevitáveis, mas é por isso que nós, historiadores, preferimos o termo "verossímil" a "verdadeiro". Verossímil é aquilo que, baseado no atual estado das pesquisas, de achados de documentos e de teoria, é aceito pela comunidade científica como o mais apto a explicar o fenômeno. E é desejável que daqui há dez anos essa explicação esteja ultrapassada, porque significa que temos mais dados e instrumentos para chegar a novos resultados.

Então, eis a pergunta que faço a você, que é de uma área que nem suspeito como funciona: Einstein demonstrou que Newton estaria errado? E Newton teria demonstrado que Aristóteles, ou que pelo menos Galileu, estaria errado? Ou seja, isso é plausível, um erro? A descrição einsteiniana do universo, por exemplo, é mais próxima do real do que a de Galileu, com seu humilde telescópio capaz de ver algumas luas de Júpiter que em minutos uma sonda espacial multiplicou por um número gigantesco?

MG: Essa questão é muito boa porque a percepção das pessoas é essa, que a evolução da ciência ocorre quando as teorias antigas são suplantadas pelas teorias modernas. Eu diria que não é assim que as coisas funcionam. O que ocorre é que você tem uma amplificação do poder explanatório da teoria. Então, por exemplo — não falando de Aristóteles, mas começando com Galileu, Newton e depois Einstein —, cada um deles propôs uma versão do que seria a gravidade, tentando descrever o porquê de as coisas caírem, o que, obviamente, é uma das grandes questões da física.

A versão de Aristóteles do que é a gravidade foi bastante intuitiva, mesmo se errônea. (E este é o grande poder de Aristóteles: suas ideias de fato eram extremamente intuitivas e, por isso, muito atrativas.) Ele dizia que existe uma distinção de comportamento entre os elementos e, se uma coisa é feita de terra, de coisa sólida, ela quer voltar ao lugar a que pertence, ou seja, o solo. Se você tira um objeto sólido, um lápis, por exemplo, e o coloca no ar, que não é seu elemento, sua tendência natural, o movimento natural desse objeto, é cair verticalmente.

Essa foi a explicação de Aristóteles e, obviamente, com Newton — e aqui vou deixar Galileu de lado — tudo muda completamente. Newton inicialmente estabelece toda uma base ontológica — vamos usar essa palavra, que é importante — de organizar a realidade em termos de conceitos básicos, como espaço, tempo, massa, força, e a partir daí propõe que qualquer objeto que tenha massa atrai qualquer outro objeto que tenha massa.

Por exemplo, nós dois, mesmo que você esteja em São Paulo e eu aqui, no norte dos Estados Unidos, estamos nos atraindo gravitacionalmente neste momento porque nós dois temos massa. Felizmente, a força gravitacional é muito fraca e, portanto, não colidimos no meio do Panamá ou em algum outro lugar no meio do caminho. A ideia magnífica de Newton é que tudo se atrai, com uma força que cai com o quadrado da distância.

Essa explicação de Newton, ou melhor, essa descrição de Newton é extremamente importante porque é válida para um monte de fenô-

SOBRE A VERDADE

menos naturais já observados em sua época, por volta de 1650, em que você tem as órbitas elípticas dos planetas em torno do Sol; o fenômeno das marés; a forma meio achatada, ou oblata, da Terra etc. Com essa teoria, ele consegue descrever tudo isso e ainda prever a periodicidade do cometa de Halley, ou seja, sua órbita em torno do Sol com um período de 76 anos, cujo retorno foi observado após sua morte.

O sucesso dessa teoria teve um impacto profundo e transformou, como você sabe, o pensamento ocidental. E é de onde vem a ideia da mecanização da natureza, da ordem matemática das coisas, o grande ímpeto para o Iluminismo e para todas as suas consequências, boas e más.

O que Einstein fez foi adicionar outra dimensão conceitual à ideia da gravidade, indo além das previsões de Newton. A teoria de Einstein, aliás, se reduz à teoria de Newton no limite que chamamos de campos gravitacionais fracos, como o campo criado por planetas e outros objetos com massas pequenas relativas a estrelas como o Sol. Nesse limite de aplicação, a teoria de Einstein é idêntica à de Newton e reproduz seus resultados. Toda teoria em física tem um limite de validade. Ou seja, a teoria de Einstein engloba a teoria de Newton e vai além, sendo útil para casos em que a teoria de Newton falha. Em particular, quando estudamos objetos com massas muito grandes, como estrelas maiores do que o Sol, ou estrelas de nêutrons e buracos negros, a teoria de Newton falha — e você precisa de uma teoria mais poderosa.

Tudo é uma questão de qual teoria deve ser aplicada para o fenômeno no qual você está interessado. A teoria de Newton não descreve as ondas gravitacionais, mas a teoria de Einstein, sim. Eu diria que se uma teoria (pelo menos na física; na história ou na psicologia acredito que não seja bem assim) que foi validada empiricamente — quer dizer, que funciona para descrever certa gama de fenômenos — for suplantada

25

por uma teoria mais poderosa, ela não está errada, mas tem um limite de validade. A teoria só é válida dentro desse limite. Por isso falamos em "mudanças de paradigma", como propôs Thomas Kuhn, que eu gosto de chamar de "visões de mundo", que vão sendo suplantadas por outro paradigma ou outra visão de mundo, que propõe um modo diferente de se olhar para a realidade. Mas então qual é a versão verdadeira? É a teoria de Einstein que é a verdade sobre a gravidade? Não, porque a teoria de Einstein é a verdade *agora*, isto é, neste momento é a melhor teoria que temos para descrever fenômenos gravitacionais. Mas não há nada que diga ou garanta que essa teoria seja a verdade final da nossa compreensão sobre a gravidade — e é muito possível que de fato não seja.

Essa evolução da "verdade", vamos dizer assim, dá uma dimensão muito dinâmica à natureza do conhecimento. Não existe um fim, mas existem processos de aprimoramento das teorias de modo que possam englobar uma descrição cada vez maior de fenômenos observados. O objetivo não é entender tudo, mas entender melhor aquilo que podemos observar.

LK: Gosto muito desse enfoque, Marcelo, porque, em primeiro lugar, para a filosofia, que marca a minha formação também — apesar de eu ser historiador —, a grande questão é aprender a fazer boas perguntas, não exatamente fornecer respostas absolutas. As respostas absolutas fornecem certezas típicas de pensamentos muito limitados e as perguntas bem-feitas fornecem questionamentos estruturais que são muito importantes.

MG: Uma boa pergunta é um labirinto de caminhos inexplorados.

LK: Você citou Thomas Kuhn, que nós tínhamos de ler na faculdade. Kuhn morreu no fim do século XX, mas, um ano antes de eu nascer,

SOBRE A VERDADE

acho que em 1962, lançou *A estrutura das revoluções científicas*. Ele é muito feliz ao explicar que existe uma maneira de ver uma perspectiva formalista de uma ciência racional controlada, objetiva; e existe uma maneira estoicista, de inserção da ciência dentro da sua ideia, e estudou a questão do paradigma. Como era da área dele, pensou muito em Kepler, Copérnico e os paradigmas de Sistema Solar, por exemplo, e de órbita dos planetas etc.

Claro que nós fazemos muitas críticas à ideia de revolução científica, como Kuhn a explicou, mas ele tocou em um ponto que não ficou ultrapassado. Se eu retorno ao critério da verdade, tenho que perguntar: qual é a ciência que utilizo, quer dizer, qual é a ciência que se baseia no modelo de "o homem é um animal racional"? Bem, considerando o estado ecológico do planeta, sustenta-se a teoria da racionalidade humana? A racionalidade não seria mais verificável nas abelhas, nas formigas ou em qualquer outro animal? Se eu incluo a ideia de sustentabilidade no conceito de racionalidade, devo incluir a espécie humana como uma deformação viral, um acidente, uma anomalia?

Também gosto de um historiador de obras de divulgação, o israelense Yuval Harari, que ontem citei longamente em um debate com um rabino, que fala exatamente das narrativas que nós, humanos, inventamos, a partir da revolução cognitiva, há 70 mil anos. São narrativas que respondem a necessidades quase sempre abstratas, mas que têm efeitos concretos, e são negativas, mas também criam coisas que nos tornam mais confortáveis neste mundo, como os direitos humanos, que é uma ficção criada ao redor de uma fogueira, só que agora ao redor de um debate, cujo marco é 1948, a Declaração da ONU.

Ou seja, essas narrativas tornam o meu mundo melhor. Acredito nos direitos humanos. Essa crença se distinguiria da crença em Tupã, ou em Quetzalcoatl, no México, ou em Tutatis, entre os celtas, ou no Deus judaico-cristão ? Difícil dizer, mas essas narrativas produzem história.

Já usei como metáfora em sala de aula, e já escrevi sobre isso, uma criança que tem medo do bicho-papão. Ela não dorme. Para que ela não fique com mais medo, não adianta que eu diga: "Meu caro filho, o bicho-papão é uma projeção dos seus medos inconscientes. Ele concentra, como um polo atrator, todas as coisas que você teme, como o escuro, o abandono etc. Ele não existe, não é verificável, nenhuma máquina jamais o registrou e, como tal, é uma criação da sua mente; logo, durma bem."

Essa explicação objetiva e racional não acalma a criança porque ela tem efeitos colaterais concretos: taquicardia, enurese, e assim por diante. Ora, é possível que entrando na gramática dessa criança, eu esteja melhor: "Então você acha que há um bicho-papão sob a cama... Bem, eu sou o seu pai, você me supõe maior e mais forte, então vou olhar debaixo da cama e você pode olhar logo em seguida. Vou expulsar esse bicho-papão ou ficar com você até ele ir embora." Essa falsa explicação produz um efeito real. A criança se acalma e dorme normalmente.

Estou descrevendo crianças da minha geração. Talvez hoje ficar mais tempo com o celular faça com que o bicho-papão vá embora; talvez hoje não precise do abraço paterno. Mas a questão é: qual é a ação mais real? A segunda, que produziu o efeito; ou a primeira, que foi inútil nos seus efeitos, ainda que mais racional? Não é o relativismo que questiono, mas a noção de paradigma e de eficácia a esse respeito.

Gosto da desconfiança teológica dos islâmicos: "Confie em Alá, mas amarre bem o seu camelo." Essa é uma desconfiança teológico--prática muito útil.

MG: Concordo. Fico feliz que você tenha usado a palavra "narrativa" porque também a uso quando falo da ciência. Costumo dizer que a ciência é uma construção de narrativas do mundo natural, e essas

SOBRE A VERDADE

histórias que contamos sobre a natureza vão se modificando de acordo com o que percebemos dela.

Se você perguntasse a Pedro Álvares Cabral em que universo vivia em 1500, ele diria que a Terra era o centro de tudo, imóvel, e que os seres humanos eram criados à imagem de Deus e tinham domínio sobre toda a natureza. E cem anos mais tarde, com Galileu, essa narrativa sobre o mundo em que vivemos foi profundamente modificada.

Para uma pessoa de 1500, aquela era a verdade. E para nós, agora, a narrativa científica diz que você vive num universo em expansão, e que o Sol é uma estrela, que nasceu em torno de 5 bilhões de anos atrás e que está na sua meia-idade. E sabemos que o Sol vai explodir daqui a 5 bilhões de anos, destruindo nosso planeta e toda a vida nele. Isso se não a destruirmos antes.

Essa percepção de que narrativas mudam é extremamente importante, porque as narrativas — e eu queria abordar um lado um pouco mais humanístico — têm, em geral, valores associados a elas. Nós construímos visões de mundo a partir desses valores que associamos a essas narrativas. Portanto, quando insistimos na veracidade de uma narrativa, corremos o perigo de dogmatizar nossa visão de mundo. Desde os primórdios da civilização esse perigo assombra a história da humanidade, quando acreditamos que apenas nossa narrativa é a verdade e criamos toda uma esfera de valores centrados nessa narrativa — e quem não está dentro dela é, imediatamente, nosso inimigo. As tribos se fecham sobre si mesmas.

Esse problema da verdade como escolha de valores é extremamente importante, além de uma das fontes de crises existenciais da humanidade desde sempre. Hoje, estamos vivendo isso de forma bem dramática, com narrativas totalmente fictícias do que é e do que não é verdade. Então, pergunto, o que a história tem para nos ensinar com

A HUMANIDADE EM BUSCA DE SI

relação aos perigos de se dogmatizar visões de mundo, com base em narrativas que são obviamente subjetivas?

LK: Essa é uma questão muito importante, porque aí você me retira da situação desconfortável de ser um analista de método e epistemologia da ciência, o que eu não sou — ou seja, faço isso como professor, não pesquisador, o que é uma diferença brutal para o campo no qual a minha chance de falar bobagem se reduz em 0,25%, que é o campo da história.

A primeira questão é que é muito complicado identificar a noção de paradigma, seja o paradigma de Kuhn, seja o paradigma neopopperiano ou a noção de revolução científica. É ainda mais delicado no campo da verdade, em que existe um fator muito mais objetivo e direto, que é a apropriação da ideia de verdade por um grupo. Você usou a palavra "dogmática", que quase sempre vem associada a instituições de poder.

Essas instituições de poder controlam centros de produção, como a Igreja na Idade Média; a punição do desvio, como o assassinato de Giordano Bruno em 1600 ou o processo contra Galileu; ou então ensinam como as pessoas devem reger seu corpo, sua gravidez ou seu prazer sexual a partir de um código que é seu e que você quer impor ao outro a partir de conceitos universais.

Assim, o conceito de verdade diminui, e se introduz um conceito que é o verdadeiro conceito, que é o conceito de poder. E aí a verdade é irrelevante porque essas instituições nunca são a vanguarda da pesquisa. Essas concepções da verdade não nasceram de observações do telescópio espacial Hubble, mas de observações das concepções de poder. Mesmo se as instituições que disputassem as narrativas fossem a vanguarda da pesquisa. Como a Igreja, por exemplo, que tem um papel enorme na preservação da cultura clássica, na manutenção de textos, como os árabes também. Os mosteiros católicos guardaram Aristóteles e outras coisas tão importantes para nós, como os frag-

SOBRE A VERDADE

mentos de Heráclito e assim por diante, e é por isso que posso, a partir disso que foi conservado, fazer uma apropriação.

O grande drama é que, de fato, a maioria das pessoas, a maioria absoluta, vai se associando e constituindo instituições que criam seus tribunais, que podem ser os processos de Moscou, na década de 1930, de um Estado ateu, ou a Inquisição, até o século XIX, na península Ibérica, que prende não apenas os cristãos-novos, mas também os pensadores, os cientistas e os que fogem desse controle.

Aí não se trata mais de quem detém a verdade, mas se a sua verdade desafia a minha capacidade de arrecadar dinheiro, de controlar corpos e almas. Isso permanece até hoje. Em Estados totalitários de esquerda, como a União Soviética, em Estados totalitários de direita, como a Alemanha nazista, permanece a vontade de controle do corpo, da consciência, que George Orwell brilhantemente transformou no texto *1984*. Ou seja, o Estado não quer apenas prendê-lo e matá-lo; isso é fácil. Quase todo Estado fez isso no passado, em nome de várias instituições. Mas quer que você concorde com ele. E os novos hereges podem, inclusive, ser adeptos da intervenção estatal, ou defensores do livre mercado, ou defensores da meritocracia, ou até pessoas que achem que é melhor comprar um cachorro do que adotá-lo, ou os que defendem que a adoção "é o único caminho ético".

Não estamos debatendo exatamente qual o melhor caminho. Pessoalmente, acho que a adoção, mas nós estamos debatendo quem vai controlar. E quem vai controlar não apenas as cabeças/os espíritos/a alma, mas quem vai controlar os fluxos de caixa que derivam dos desvios, já que quem inventa o pecado também inventa o perdão, que tem seus custos. Quem inventa a ortodoxia automaticamente inventa a heresia heterodoxa, que tem seus custos para reconversão.

Preciso, agora, introduzir outro conceito mais grave do que a definição epistemológica de verdade: quem se apropria da verdade, estabelece, em nome dela, qual a raça ideal, qual o sexo correto, qual a gravidez adequada, qual a postura indicada, e consegue ler a natureza a partir de um projeto de poder que vai classificar o que é natural, antinatural, ilegal, aberração ou adequado. Infelizmente, tanto no Brasil como em vários lugares do mundo, essa postura, que vou chamar de "apropriação corporativa da verdade", hoje está em alta. E ela tem efeitos políticos e sobre os corpos das pessoas.

MG: A eugenia é um exemplo perfeito do que você está dizendo, porque há uma apropriação da verdade, uma construção fictícia do que seria a maneira justa e completa de celebrar o ser humano no seu poder máximo, eliminando aqueles que não se enquadram nesses valores do que é ser humano de uma forma mais "elevada". A eugenia, desse modo, é para mim um exemplo terrível do que a ciência e o Estado, quando se aliam sob o espectro do dogmatismo, são capazes de fazer.

LK: A eugenia clássica, aquela praticada, por exemplo, nos Estados Unidos durante muito tempo, com muitos seguidores, ou de forma mais homicida ainda na Alemanha nazista, *já* seria um desastre, mas, além de tudo, ela traduz uma postura não científica. A ideia da ciência é que o contato de códigos genéticos na mesma espécie tende a melhorar as defesas, as adaptações, e assim por diante. A eugenia, ao produzir uma ideia de raça pura, de que seria melhor o "não contato", o que contradiz a biologia objetiva, mostra a cegueira objetiva diante dos fatos. Então "olho claro é superior a olho escuro, pele clara é superior a pele escura"? Bem, a pele clara e o olho claro são mutações associadas às regiões de menos incidência solar; a pele escura é mais adaptada a isso. Então anemia falciforme na África é uma vantagem? Sim, porque defende da malária. Quando ela vai para os Estados

SOBRE A VERDADE

Unidos provoca danos porque, não havendo malária, ela se torna um defeito, e assim por diante.

Ou seja, é um debate que, por vezes, cala o dado objetivo real e faz uma leitura carregada de um pouco de racismo, um pouco de capitalismo, da ideia de que o mais forte sobrevive, quando na verdade, é o mais adaptado que sobrevive. É o mamute que se extingue, não o suricato. O "darwinismo social" é uma tradução equivocada de alguns discípulos de Darwin — e que não pode ser imputada a ele — a partir de uma ideia que, de novo, é relida na forma de um projeto de poder.

Trata-se de uma ideia tão cegante, tão obsessiva, que provoca episódios como expulsões das universidades dos chamados "inferiores", entre os quais, às vezes, estavam incluídas pessoas como Hannah Arendt e Albert Einstein. Isso acaba dando ao inimigo mais poder em relação àqueles que tomam decisões racionais, que perguntam, que questionam tais obsessões. Pessoas de muitas áreas perguntam: O que faz você não olhar para o real e olhar para a ideologia, às vezes contrária ao seu objeto, inclusive?

MG: Esse para mim é um grande mistério. Eu ia tocar exatamente nessa questão. Por que isso ocorre? O que existe no ser humano que provoca essa cegueira? É uma fraqueza social, uma fragilidade do indivíduo, uma necessidade de pertencer a uma tribo para se proteger de alguma forma, mesmo que o custo ideológico seja altíssimo? Você acha que existe alguma relação entre essa cegueira moral e uma espécie de necessidade humana de pertencer a um grupo?

As pessoas aceitam coisas absurdas e revoltantes, fazem julgamentos de outros de forma terrível e muitas vezes recorrem à violência, mas se sentem protegidas dentro da sua tribo. "Ah, mas eu não sou o único que pensa dessa forma, muito pelo contrário. Nós aqui, da minha tribo, temos essa maneira de pensar sobre o mundo; se você não concorda, se não tem a mesma cor de pele que eu, se não tem os mesmos valores que eu, você é imediatamente meu inimigo."

Tenho pensado muito nisso ultimamente, na questão do tribalismo, que obviamente foi essencial para a sobrevivência dos nossos antepassados — você precisava desse agrupamento de humanos para sobreviver, para se proteger de predadores, para achar comida etc. Mas hoje em dia, observo o tribalismo sob duas perspectivas.

De um lado, sim, precisamos dessa socialização, precisamos pertencer, e pertencer a várias tribos. Por outro lado, a noção de tribo é uma das grandes inimigas da humanidade, da compreensão de que nós não somos *apenas* várias tribos — embora, sim, sejamos várias tribos —, no entanto, acima de todas elas, existe o que eu chamaria de a "tribo da espécie humana". Todos os seres humanos são membros, antes de mais nada, dessa tribo de *Homo sapiens*. As outras tribos são menos importantes, afiliações secundárias, especialmente quando enfrentamos nossa sobrevivência coletiva, como espécie neste planeta. Mas as pessoas não conseguem entender isso, devido às suas variadas cegueiras morais, determinadas por esta ou aquela tribo. Essa limitação é, para mim, o maior impedimento que temos contra os riscos existenciais que enfrentamos no momento, como a polarização ideológica, a injustiça social e o aquecimento global.

LK: Jonathan Haidt formula uma hipótese no livro *A mente moralista*. Ele acha que somos governados por um elefante e existe um ginete sobre ele. A adesão do elefante é passional e de aceitação no grupo, não de busca da verdade. O ginete é uma espécie de relações públicas, não um cientista.

Mas voltando a Harari e às narrativas, a narrativa de que nós pertencemos à humanidade é muito recente. Na verdade, a Declaração Universal dos Direitos do Homem é de dezembro de 1948. Quando nós fizemos uma outra, na Revolução Francesa, era a do Homem e do Cidadão, nitidamente francesa e masculina. Quando uma mulher chamada Olympe de Gouges tentou fazer uma Declaração dos Direitos das Mulheres e da Cidadã, foi guilhotinada. A ideia de pertencimento humano a um grupo universal que me identifica com a sociedade que está em Lagos, na Nigéria, que está em Délhi, na Índia, ou que está em Tóquio, é uma criação muito recente. Ela é muito mais a visão dos drones formando o globo nas Olimpíadas de Tóquio.

É uma ideia muito recente porque há pouco tempo valiam noções como cristandade e o resto era, como disse Camões, "terras viciosas". Valia esta noção: "Eu sou o povo eleito." As formas de "povo eleito" que atingem tanto o calvinismo quanto o judaísmo são muito frequentes. Então, há um povo que Deus amou em particular. Hoje esse discurso, claro, tem outras leituras teológicas, mas já foi usado como: "Esta é a minha terra porque eu sou o 'povo eleito'. Vou sair da Inglaterra e da Holanda para os Estados Unidos e afastar os indígenas, porque tenho o destino manifesto por Deus sobre mim." Essa é a expressão da história norte-americana.

Mas todo esse debate explicaria o conforto afetivo dado pelas práticas tribais, por aquilo que Bacon chamaria de "ídolos da tribo". Toda essa particularidade do sectarismo da minha tribo serve para gerar algum conforto contra os inimigos, mas não explica por que é que ele continua, mesmo quando não há mais inimigos.

O equívoco, em parte denunciado por Freud e hoje por muito mais gente, é acreditar que nós, humanos, sejamos uma equação. E não somos guiados pela razão absoluta. Nós somos guiados por um diálogo tenso, às vezes uma briga declarada entre razão e racionalidade, violência e harmonia — numa constante negociação, e assim por diante. Por que alguém opta por comer um alimento gorduroso, que vai entupir suas veias, em detrimento dos saudáveis? Por que alguém

A HUMANIDADE EM BUSCA DE SI

fuma? Por que alguém constrói um campo de concentração? Não existe uma explicação absolutamente lógica.

Escrevi uma crônica há pouco, sobre dois povos de Tunguska, na Sibéria. Um deles acreditava em apoiar os membros perdidos que saíam à noite. Então, enfrentando lobos e o frio extremo, os grupos partiam em resgate. O outro povo, do lado oposto do rio, acreditava que cada um tomava suas próprias decisões; e quem decidiu sair à noite, na Sibéria, fez uma escolha que não deveria pôr em risco a vida de mais ninguém. De um lado, a perspectiva de que a solidariedade era o elo e a tessitura social; do outro, a de que o indivíduo empreendedor e autônomo era a base de tudo.

E esses dois povos sempre discutiram, debateram, se desentenderam, até que, no verão de 1908, um meteoro — provavelmente um meteoro, ou um óvni, ou uma bomba atômica, são várias as teorias — encerrou o debate.

O que quero dizer com essa metáfora dos povos da Sibéria, em Tunguska, fazendo referência a um episódio real, é que nós temos concepções que não são objetivas. E de repente, a natureza as traduz — na forma de um tsunami ou de um meteoro, ou com o apagamento do nosso Sol, transformando-se numa supernova. Todas as nossas concepções são derrubadas por outro valor objetivo mais forte, que é exatamente a ideia de natureza, que é também uma construção de uma narrativa. Inclusive a dotação da natureza de lógica.

Uma vez vi alguém escrever que esses terremotos que estavam se multiplicando eram fruto da falta de carinho do homem pela Terra. Pensei que deveria ir até as falhas geológicas e fazer carinho nelas. Nós deveríamos ir até o lugar em que a falha de San Andreas está e alisá-la, dizendo: "Coitada, sinta a minha solidariedade e meu afeto." A tentativa de moralizar o universo, de antropomorfizá-lo, é fascinante e produz concepções. Em quase todas as línguas, menos no alemão, o Sol é masculino. (O alemão é sempre estranho para gênero.) O Sol é masculino e a Lua, feminina. Associo a Lua ao frio, à noite, à umidade da noite; o Sol, ao calor, à luz masculina etc.

Essas questões mostram que não importa o que eu observe, a observação vai ser filtrada por sistemas de narrativas. A ciência gosta da ideia e acho que ela realiza, em parte, que o método científico é aquele que a ajuda a diminuir a interferência desses fatores na sua pesquisa. Nós fazemos isso errando e sendo corrigidos pelos pares e pela eficácia. Mas a mesma ciência que produz a penicilina produz, pouco depois, a talidomida. São dois exemplos de como a observação e a pressa — e o mercado, inclusive, já que a talidomida foi liberada por uma antecipação com busca de lucro, e não teve um tempo longo de verificação — são um claro sinal de que nós estamos sempre com intermediários subjetivantes que a ciência tenta diminuir e que outras áreas não diminuem.

MG: Sim, a talidomida, para quem não sabe, é uma droga que supostamente trataria o enjoo das mulheres grávidas, mas que deu muito errado. Infelizmente, a molécula da talidomida tem uma estrutura chamada de quiral, que pode ter duas conformações — você não consegue superpor a mão esquerda na mão direita porque elas têm uma quiralidade. (Daí que vem a palavra "quiromante", a pessoa que pode "ler" mãos.) A molécula de talidomida também tem uma quiralidade, e se você sintetiza a molécula com a quiralidade errada, isso vai afetar o desenvolvimento do feto, gerando uma série de deficiências. Eu e Leandro somos da mesma geração, quase da mesma idade, e imagino que ele, assim como eu, lembra de ver pessoas que em vez de um braço tinham uma mão deformada saindo do ombro, um efeito típico da talidomida.

Aqui há um exemplo trágico da comercialização apressada da ciência com o objetivo de ganhar dinheiro, que se sobrepõe à maneira ética de se testar um produto novo no mercado. E quem paga o preço, afinal, é o consumidor, vitimado pela gana capitalista.

Mas isso me leva a uma outra questão: sobre o que, de fato, podemos fazer com relação a isso. Sou um otimista, não sei se você é uma pessoa otimista ou não. Mas, como um otimista, creio que estamos vivendo o que poderia se chamar uma "Nova Era Axial", em que, muito lentamente — porque essas transições são lentas —, estamos acordando para o fato de que não somos donos da natureza. Não estamos acima da natureza, muito pelo contrário.

Essa parábola dos dois povos que testemunharam a explosão em Tunguska é perfeita porque representa exatamente isso. Posso imaginar os dois grupos discutindo, "eu-eu-eu", "não, eu-eu-eu", "a minha visão está certa", "a sua visão está errada" etc. e, de repente, lá vem o bólido celeste e...

Parece que o que causou a devastação em Tunguska, em 1908, foi um fragmento de cometa que explodiu a um ou dois quilômetros de altura, destruindo uma área gigantesca das florestas na Sibéria. O fenômeno foi tão violento que a onda de som se propagou até a Inglaterra. Isso ilustra claramente o fato de que não estamos acima da natureza; muito pelo contrário, somos seres frágeis, apesar da nossa arrogância. A pandemia da covid-19 também nos mostra isso.

Essa fragilidade deveria ser óbvia, mas não é, dada a nossa cegueira e a ilusão de estarmos acima da natureza. Chegando até, como você mencionou, ao ponto de acharmos que um terremoto tem a ver com a forma como tratamos a natureza. Isso é um absurdo sem proporções. A natureza não dá a menor bola pra gente! Ela segue o seu caminho, e nós a deformamos a cada dia sem a menor concepção disso ou do que nossas ações provocam. Não há dúvida de que estamos sujeitos a esses terremotos; quem mora na Costa Oeste dos Estados Unidos e do Canadá deveria tomar muito cuidado, porque existe mesmo um risco

SOBRE A VERDADE

gigantesco de um grande cataclismo acontecer. Fora os outros cataclismos que já estão acontecendo, como as secas e os incêndios, todos esses terrivelmente agravados pelo aquecimento global, consequência da nossa arrogância e cegueira coletiva. Estamos sempre achando que o que perpetramos contra o mundo natural não terá consequências.

Então a questão é: como podemos ir além disso e, quem sabe, isolar o que poderíamos chamar — e isso é muito difícil, nem sei se viável — de valores morais universais, definidos como valores que estão além do dogma, além dos grupos de interesse? Existem alguns valores que poderíamos caracterizar como universais — como uma melhor aproximação humanística do que poderíamos chamar de verdade para todos? O que você acha dessa possibilidade?

LK: Bom, eu também sou um otimista crônico. Confesso que no último ano e meio esse otimismo sentiu abalos sísmicos, mas sou um otimista crônico. Nós temos o poder de piorar certos equilíbrios naturais, e é o que fazemos — você citou o processo de seca —, e há coisas que escapam ao nosso controle.

Durante uma palestra, um senhor religioso me trouxe um dado totalmente aleatório, que não tenho a mínima ideia de onde saiu, dizendo: "Professor, em 1300 houve quatrocentos terremotos..." Não lembro ao certo o número que ele citou. "Só no ano passado houve mais de mil. A que o senhor atribui isso?" Eu disse: "À invenção do sismógrafo e às notícias de terremotos na Patagônia, que em 1300 não chegariam ao conhecimento da corte dos reis da França, mas hoje são percebidos."

MG: Fantástico. Quisera que todos tivessem a mesma lucidez antes de levantar questões que parecem ser grandes mistérios...

LK: Eu reconheço a subjetividade das coisas, a dificuldade de estabelecer um critério de verdade, mas também reconheço que há sistemas em que nós podemos incorporar uma característica humana, única, especial e muito forte, que é a diversidade. O fato de nós termos certo grau de liberdade (a Monja Coen estima em 5%) já nos torna muito distintos da maioria dos animais regidos pelo puro instinto ou pela genética impositiva. O fato de que posso escolher minha dieta carnívora, vegetariana, mista, vegana, não ocorre a leões nem a zebras, nem a camarões no mar.

Ou seja, eu posso escolher o que comer, como comer, com motivos variados; tenho uma escolha sobre o local em que eu vá viver, inclusive zonas que os geógrafos chamam de anecumênicas, zonas impossíveis de sustentar a vida humana em si, porque tenho relações de prazer naquele lugar ou de tradição, e assim por diante. Então eu tenho uma liberdade um pouco maior que as abelhas. Isso significa também que a diversidade vai ser grande. Não existem abelhas republicanas que queiram derrubar a abelha-rainha. Aliás, abelha-rainha já é uma antropomorfização de um sistema totalmente biológico, mas *eu* posso escolher mais. E, ao escolher mais, eu também sou mais diverso, e aí tenho de criar sistemas impossíveis para os animais, que são sistemas que façam a diversidade existir sem ser destrutiva.

Nós temos que estabelecer como valor universal, em primeiro lugar: quais são os limites da convivência dessa diversidade, e então para o que nós devemos ser tolerantes e para o que nós devemos ser intolerantes. São valores totalmente históricos, como a nossa atual e recentíssima intolerância com a pedofilia, recentíssima na história. Somos intolerantes com a pedofilia, todos — eu inclusive — consideramos um crime hediondo quando executado, não só o sentimento, mas a execução, e isso é um sentimento ético muito recente.

A partir desse momento, estabeleço um patamar que sei que é histórico — dignidade e igualdade das mulheres, recusa à exploração

SOBRE A VERDADE

sexual de menores, recusa da tortura, liberdade de expressão, liberdade de crença — tudo que está mais ou menos contido na Declaração Universal dos Direitos Humanos de 1948.

E essa é uma concepção nascida do horror da Segunda Guerra Mundial, quando o ódio levou à execução de mais de 10 milhões de chineses, quase 6 milhões de judeus, quase 20 milhões de russos na invasão alemã. A partir disso, surge uma ideia: "Nossa, o ódio é muito destrutivo. Como é que nós vamos conviver?" Preservando as diferenças. As diferenças dentro da lei. Mas quem estabelecerá a lei? O maior número possível de pessoas através de eleições e representantes.

Esse é um debate, o da "representatividade", que tem quase quatrocentos anos, e retrocede a John Locke, retrocede a outros pensadores, e é uma discussão muito importante. Como vou consagrar a diversidade? Em locais em que o ser humano tem limites legais, mas pode ser o que é, desde que não prejudique outros; onde pode fazer tudo que estiver dentro da lei, dentro da diversidade de gostos de qualquer espécie. Esses são locais que consideramos mais felizes, por exemplo, a Dinamarca e a Finlândia, que têm índices de felicidade maiores do que nos territórios em que a intolerância marca as pessoas.

Nós, assim, produzimos o paraíso? Não. Eu compartilho a ideia de alguns conservadores. O máximo que nós podemos fazer é evitar o inferno. Esse é o nosso limite. O édito de expulsão do paraíso ainda não foi revogado, não podemos retornar. Mas podemos evitar o inferno fazendo um Estado que sirva à população, em que a diversidade, em qualquer aspecto, seja garantida dentro dos limites da lei.

Não sou livre para matar alguém nem para impor meu credo, mas sou livre para cultuar Deus ou não Deus na forma que eu acreditar. Seja na forma de Jesus, de Alá ou do grande espaguete voador — que é uma proposta norte-americana, a igreja do espaguete voador, e não menos original que tantas outras narrativas religiosas e assim por diante. Eu sou livre. O que me importa se você, Marcelo, venera o espaguete voador? Nada. É o seu direito. É o seu direito absoluto. E se você for ateu? E se você for judeu? E se você for calvinista? Nada me afeta. Mas se você avançar para mim com a tentativa de me converter à força, então estamos infringindo esse limite. Ou seja, é uma capacidade de separar o público do privado, de laicizar o Estado para que ele não seja expressão de um grupo religioso. Dentro dos limites da lei, que são muitos — proteção da criança, igualdade de mulheres etc. —, nós constituímos uma zona em que o inferno não prevaleça.

Isso vai servir bem. Nos "paraísos", de vez em quando na Noruega, na Suécia, na Dinamarca, alguém pega uma arma, vai a uma ilha e promove um massacre. Só que lá a violência é tópica. Ela sempre vai ocorrer. O problema, por exemplo, do Brasil, onde eu vivo, é que a violência é estrutural, cotidiana, repetitiva e tolerada. Nos outros lugares onde essa convivência com a diversidade deu mais certo, a violência é mais tópica. Ou seja, é melhor conviver com a ideia de um assassino em série de vez em quando do que com a execução diária de pessoas nas ruas.

Assim, prefiro morar na Dinamarca do que na Síria, porque na Síria todos os grupos de assassinos sob diversas denominações religiosas e políticas querem matar uma parte da população. Acho mais fácil morar na Dinamarca, ainda que eu não a veja como um paraíso, mas por ser um lugar em que eu posso ler e estudar. E há também a ideia do que eles chamam de *hygge*, que é a ideia de felicidade, aconchego, família, e de ter tempo para tudo isso.

Não é a felicidade absoluta, nem a perfeição, tampouco o paraíso, mas eles construíram uma sociedade depois de terem passado por séculos de experiência com sociedades agressivas, invasoras, estupradoras, como a tradição viking. Depois de séculos, eles acharam que o Estado democrático de direito, estável, com muitos partidos, é ainda

SOBRE A VERDADE

um lugar melhor para se existir do que ficar invadindo a costa da Inglaterra, saqueando mosteiros.

MG: É, com certeza. Então, um conceito básico seria essa compreensão de que a vida é sagrada — todas as formas de vida. Uma coisa que não comentamos ainda, mas deveríamos comentar, é a nossa inserção no mundo natural e os valores que temos que atribuir a todos os seres vivos, não só aos seres humanos. Ou seja, expandir os direitos humanos aos direitos de todas as expressões de vida que existem na Terra, já que todos os animais têm um projeto de vida. Todos os animais querem se manter vivos, todos querem criar uma prole. (Ao menos durante a fase procriadora de suas vidas.) A vida é matéria com propósito, algo que tem tanto de maravilhoso quanto de misterioso. Todos os animais dividem esse impulso conosco. E diria que as plantas também. Toda vida quer ficar viva, mas, na nossa arrogância, julgamos animais e plantas como seres inferiores, sem direitos. Achamos que somos senhores da natureza, que temos domínio — sancionado pela Bíblia — sobre os animais e as plantas. Pior ainda, achamos que temos o direito de decidir qual animal vive ou morre. Por que amamos nossos gatos e cachorros e somos indiferentes com bezerros e ovelhas? Quando era viva, aquela carne que compramos no mercado tinha um projeto de vida como tem o nosso cachorro ou papagaio. De onde vem essa inconsistência moral?

Essa expansão moral que inclui o valor sagrado da vida além do humano é um princípio que, no século XXI, deveria ser realmente respeitado por todos. Claro, isso não significa que vamos todos deixar de comer animais e plantas e morrer de fome. A vida "come" a vida, isso também faz parte do equilíbrio natural. Mas o que é lamentável e vergonhoso é o absurdo excesso humano, o descaso, a humilhação imposta a esses animais. Podemos, sim, escolher, como você disse, comer menos carne, menos peixe e ainda assim ter uma excelente alimentação. Não só podemos como devemos, dadas as consequências ambientais devastadoras causadas por essa nossa obsessão carnívora.

A outra coisa que queria comentar, tentando sintetizar um pouco o que você está trazendo, é que somos livres até o momento em que violamos a liberdade de outra pessoa, que esposa valores diferentes dos meus.

Esse é o respeito pelas diferenças. Mas apenas respeito não é suficiente. É necessário ter interesse em aprender com o outro, em tentar ver o mundo com uma visão que não é sua, que contraria a sua. Por que essa pessoa pensa de forma tão diferente de mim? O que a levou a isso? Será que tenho algo a aprender com ela? Será que, ao me engajar em suas ideias, posso talvez crescer como ser humano?

Por exemplo, se você é uma pessoa liberal, convide um bolsonarista para almoçar, converse com essa pessoa e tente entender por que ela pensa dessa forma, em vez de simplesmente rotulá-la como sendo "isto ou aquilo" e separar a sua tribo da tribo dessa pessoa, sem tentar aprender, sem tentar crescer com a humanidade que todo mundo tem.

Porque a verdade é que todas as pessoas querem ter uma vida digna, ser amadas, respeitadas. Esse é o ponto de partida em comum da humanidade. Sem exceção. Existem certas aspirações humanas que são divididas por todos nós. Quando reconhecemos que todos os membros da espécie humana querem ter uma vida digna, ser respeitados e amados, a partir daí criamos uma identificação com o outro que faz com que cresçamos como seres morais. Essa atitude cria uma identidade que define a nossa espécie como um todo, que nos une.

Se essa visão de mundo fosse abraçada por cada vez mais gente, as coisas mudariam de forma radical. Muito lentamente, vejo um crescimento nessa direção, em especial nas gerações mais jovens, com a luta contra o racismo, por maior justiça social, pela igualdade das mulheres e das pessoas não binárias, pelo respeito às culturas indígenas.

SOBRE A VERDADE

LK: Existe o paradoxo da tolerância popperiano: só devemos ser intolerantes com os intolerantes. Há limites éticos e legais dessa liberdade. Você partiu do pressuposto da definição iluminista de liberdade, ou seja, como um reino que faz fronteiras com outras liberdades e tem uma zona um pouco cinzenta que é a divisa entre os dois reinos, o reino do "eu" e o reino do "outro". É uma zona cinza e que tem que ser debatida.

É um debate infinito sobre os direitos da maioria e os direitos da minoria, que estão nos famosos Papéis Federalistas nos Estados Unidos, mas, acima de tudo, sobre a possibilidade de discutir.

Por exemplo, quando Adão recebe o poder de ser dono da natureza na narrativa do Gênesis, ele é uma microempresa muito modesta, muito pequena. O código tem que ser revisto agora que somos cerca de 8 bilhões de pessoas. O contrato era ambicioso para um homem, mas excessivo para uma espécie tão grande, então tudo isso é um dado. Mas o outro dado é poder discutir isso.

Por exemplo, vamos estender os direitos humanos, esse especismo, também aos animais? A quais animais? Naturalmente, a nossa inclinação ética pende sempre para os animais que mais se parecem conosco. Os golfinhos, mamíferos, têm mais defensores do que as sardinhas. Os especialistas na defesa de orangotangos na Indonésia existem em maior número do que os defensores de pulgas e carrapatos, que também são animais. Então o paradigma é a consciência, é a senciência? Também é um debate. Se vamos respeitar toda vida, isso inclui a dos vegetais, que nitidamente estão vivos? É lícito eliminar uma cenoura, uma alface para que eu possa me alimentar, mas não é lícito se o animal tiver sangue quente.

Esses critérios naturalmente têm que ser debatidos e criados. Não é necessário submeter qualquer ser vivo à crueldade, desde que ele faça parte da cadeia alimentar. Não é necessário. A solução seria como no filme *Avatar*. Na Lua de Pandora, você deve alisar o cadáver do animal abatido e dizer: "Não sou melhor do que você, eu vou te comer." Mas é uma espécie de oração para acabar com a culpa da caça, que é lícita como um ideal ecológico? É sempre complicado.

Submeter animais à crueldade desnecessária é uma solução? Estabelecer a *vida* como critério eliminativo para os recursos de nossa existência, hoje, significaria condenar a humanidade à fome. O que nós, então, optamos a esse respeito?

É muito complicado. Eu trago essas questões porque sempre condenei a catequese. As pessoas acham que sou um inimigo de qualquer modo de dieta. Não, eu condeno a catequese: "Sou mais ético do que você porque sou um jainista radical da Índia e só como as frutas que caem do pé. Não as arranco porque isso é uma violência contra o pé de manga — eu espero a manga cair. Ando com máscara muito antes da pandemia, para não engolir acidentalmente um mosquito, e jamais ando à noite para não pisar em um escaravelho ou alguma coisa do gênero. Então sou mais ético do que você porque a minha defesa da vida é mais radical do que a sua, porque não mato nenhuma planta para sobreviver." Como eu disse, são questões complicadas. Que vida nós escolhemos para viver? Esse é um tema que até foge do nosso critério de verdade.

MG: Com certeza, e é extremamente subjetivo até certo ponto. Você mencionou muito bem a ideia da crueldade aos animais, a ideia da massificação, da industrialização da produção de alimentos, principalmente com base em gado, em torno da agropecuária industrial que existe no Brasil, o celeiro do mundo. É aí que as coisas ficam terríveis — outro exemplo, a pesca industrial que está destruindo completamente os oceanos.

Existem limites perfeitamente razoáveis. Por nós sermos parte da natureza, é óbvio que temos de imitar e conviver com modelos

SOBRE A VERDADE

da natureza, e as plantas também comem outras plantas. A vida come a vida. É importante entender isso. Quando uma árvore cai ela está sendo devorada por fungos e reapropriada ao solo. Ela faz parte desse ciclo natural, como nós também. Quando somos enterrados, os fungos e as larvas também nos devoram. O ponto não é criar uma falsa dicotomia entre animais e plantas; isso não é, a meu ver, uma catequese. É entender que existem modos éticos, sustentáveis, de manter nosso projeto de civilização respeitando a dignidade dos animais e das plantas. É óbvio que se precisamos de proteínas e carboidratos, como todos os seres vivos, temos de consumi-los. O ponto é quais escolhas fazemos para isso, e qual sua repercussão ética e ambiental.

Alguém pode dizer que as plantas estão "devorando" o nitrogênio que há na Terra. Mas comprometer a composição mineral da Terra é uma violência? Obviamente, temos que determinar certos limites viáveis. A vida come a vida e precisa de minerais. O ponto é de que forma fazemos isso, com ou sem uma consciência ética das nossas ações e escolhas. Um dos limites é justamente a ideia de que a crueldade é desnecessária. Deveria ser óbvio; mas ela é massificada.

Insisto que essa maneira de pensar sobre o valor da vida não é necessariamente uma catequese, mas uma maneira de rever nossa posição no planeta e como ela se relaciona com as outras formas de vida que dividem esse espaço conosco. Ter o poder de fazer algo não significa que devemos fazê-lo. Somos capazes de eliminar 5 milhões de galinhas por dia ou mais, o que não significa que devemos fazer isso. Historicamente, sempre nos alimentamos dos animais porque era necessário. Mas hoje já não é. Existe uma nova maneira de pensar o nosso papel como parte da natureza, que afeta diretamente nossa dieta, como nós comemos.

Você mencionou a ideia de comer gordura, que entope as artérias. Se sabemos que essa é a consequência, por que ainda comemos gordura? Existem gorduras saudáveis, por exemplo, a do abacate, das amêndoas e das sementes, o azeite extravirgem etc. Temos opções. Obviamente, o jainista que você mencionou, aquela pessoa que só come a fruta que cai no chão, é um exemplo extremo dessas escolhas, inviável no mundo moderno. Sem dúvida, pregar que esse é o único modo moral de se alimentar é absurdo, ainda mais se vier com um senso de superioridade do tipo "eu sei como você deve se comportar porque sou um ser humano mais sofisticado". Esse tipo de atitude só leva ao descaso e à polarização.

E não é bem isso. É uma questão de dignidade, que não se estende só ao ser humano, mas a todas as formas de vida, inclusive aos piolhos, aos carrapatos e às pulgas. O que nos falta é a humildade de entender que todas as formas de vida fazem parte da biosfera, e todas têm um papel essencial, mesmo as que nos atacam e atazanam. Eu chamo isso "princípio de biocentrismo", conforme discuto no livro *O despertar do universo consciente*.

LK: Na verdade, a questão é que esse debate acaba entrando em outro campo, e já apanhei bastante na internet por causa disso, porque ficou parecendo que sou inimigo do vegetarianismo. De jeito nenhum. Inclusive fui vegetariano duas vezes na minha vida com um critério muito objetivo de redução do colesterol, mas meu fígado segue épico na produção de colesterol e parece que só cede diante de estatinas.

Mas a grande questão é uma reflexão que está no livro *Memórias de Adriano*, de Marguerite Yourcenar, quando o imperador come um pedaço de frango e fala sobre a opção de comer, quando se opta por eliminar outra vida e preservar a sua. Enfim, se tocarmos nesse ponto e o desenvolvermos, Marcelo, fugiremos de tudo aquilo que é o objetivo da obra e vamos "causar".

SOBRE A VERDADE

MG: Então vamos falar de conservadores e liberais.

LK: Eu evito algumas palavras ou expressões em textos porque são conceitos que têm uma massa gravitacional impressionante. Eles atraem. Um deles é "Lula", os outros são "Bolsonaro", "teoria de gênero", " todes".... Aí você não consegue dizer mais nada.

MG: Isso é bem lamentável. Ter que fazer escolhas e se autocensurar a esse nível é terrível. Muito triste confundirmos as noções de liberdade política com o sofrimento que infligimos a nós mesmos e às formas de vida com que dividimos o planeta. A sacralidade da vida deveria estar acima de escolhas políticas. Enfim... Eu queria tocar em mais um ponto nesta primeira parte, e depois continuamos, que é a questão da mentira.

A mentira tem um propósito. Uma vez, li que todos mentem algumas vezes por dia. Como estamos falando sobre a verdade nesta primeira parte, queria que você abordasse a importância e o valor da mentira, se é que isso existe.

LK: Esse é um tema muito bom porque a condenação da mentira é universal. E a prática também. Nós estamos aqui diante de uma contradição, de um paradoxo e ao mesmo tempo de um oxímoro, quer dizer, é uma contradição em termos.

Religiões e filosofias dizem que a verdade é o grande caminho; não obstante, nós mentimos incessantemente. Às vezes mentimos por falta de caráter, de qualquer característica positiva, mas mentimos também alegando benefício ao outro.

Imagine que sua esposa fez uma comida, se esforçou muito, passou horas na cozinha e pergunta se está do seu agrado. Às vezes a comida está horrível. Você deve dizer "Não, essa comida está intragável. Uma das piores coisas que já comi na minha vida"? É absolutamente verdadeiro o que estou dizendo, mas devo insistir nisso? Ou seja, meu critério gastronômico e de paladar é superior ao bem-estar dela? Devo mentir? "A comida está maravilhosa" — dizer isso vai fazer com que ela nunca se esforce por crescer?

Esse é um debate complicado, sobre a chamada *mentira piedosa*. Quando o meu pai estava morrendo de câncer, a família decidiu que ele não deveria saber, até porque a condição dele tinha o "privilégio" de não causar dor. Eu fui voto vencido. É uma violência ocultar de uma pessoa um dado que lhe interessa diretamente. Mas venceram meus irmãos e minha mãe. Meu pai morreu, tranquilamente, achando que tinha um problema de refluxo.

Depois conversei com o médico e ele me perguntou: "Seu pai tinha alguma tendência depressiva?" Respondi que sim. "Seu pai era uma pessoa muito otimista?" Respondi que não. "Então ocultar dele pode ter ajudado a amenizar o fim inevitável", concluiu o médico. Ou seja, existe a mentira piedosa? Existe aquela mentira que não vai causar mal a ninguém, mas cuja revelação da verdade é mais dura do que qualquer outra coisa?

Uma vez vi um filme na França chamado *Thérèse*. A freira carmelita na história dizia o seguinte para Santa Teresinha: "No Carmelo só são difíceis os primeiros cinquenta anos. Depois..." . Se você está no Carmelo ou num casamento há cinquenta anos, durante a sua vida inteira, e falta pouco para o seu fim, e você descobre que não tinha vocação para ser freira carmelita ou que não amava a mulher que compartilhou a vida inteira com você, o ideal é dizer "Não, nunca te amei. É melhor a gente se separar"?

É possível que a revelação da verdade exceda a capacidade de recepção da pessoa, porém, sou eu que decido isso? Eu sou o dono da verdade que terei que revelar ou não?

SOBRE A VERDADE

A ideia da verdade, em hebraico, remete a um dom de Deus, *emunah*, de cumprimento de promessas no futuro. A ideia de verdade em latim, *veritas*, é diferente da ideia de verdade em grego, *aletheia*, mas a verdade a qualquer preço, de qualquer forma, dita imediatamente, é uma questão curiosa. A verdade é cultural também.

Eu me mudei para a França em janeiro. Na primeira oportunidade que tive, já tendo conhecido alguns colegas do curso de pós, eu disse: "Olha, meu aniversário é em fevereiro, vou fazer um queijo com vinho sexta-feira, vocês querem?" As três pessoas que saíam comigo para almoçar disseram: "Não." As três ao mesmo tempo. Fiquei arrasado porque sou brasileiro; um "não" assim, seco, é muito traumático para a gente. Depois elas explicaram: "Você não pode convidar na mesma semana; todo mundo já tem compromisso"; "Eu recusaria o convite mesmo que não tivesse compromisso, porque convidar na mesma semana é ruim"; "Você tem que convidar com antecedência" etc.

E venho de uma cultura em que eu lhe diria, se você me convidasse para o seu aniversário: "Sabe o que é, minha cunhada vem de viagem e nós vamos rever uma peça, *Édipo rei*, que está passando em grego..." Ou seja, nós daríamos uma explicação maior para dizer "não". É melhor esse jeito direto? Enfim, a verdade também tem um traço cultural, assim como a mentira. Nós gostamos, no Brasil, de mentiras piedosas.

MG: Aquela mentira que tem o propósito, paradoxalmente, de fazer o bem, de ser bem-intencionada, mesmo se é uma mentira.

LK: É, nós gostamos de mentiras piedosas. De mentiras com boas intenções. Nós não gostamos da verdade direta. Aquilo que minha avó imigrante alemã disse à minha prima, que veio chorando da escola e reclamou em casa: "Me chamaram de gorda." E minha avó respondeu: "Mas você é gorda. Quer que te chamem de magra?" Essa declaração seca, dura, dita pela avó na infância deve ter tido um peso traumático na formação.

Naturalmente, hoje haveria uma explicação sobre padrões estéticos, características e assim por diante, mas é um debate grande. Nós só votamos em políticos que mintam. E quando eles são eleitos e pegos na mentira, nós perdemos a confiança neles. Se nós tivermos um político que nos diga que a situação está muito dura e haverá cortes nos gastos, diminuição de salários e aumento de impostos para zerar o déficit, nós vamos renegá-lo. Prefiro que ele me diga que os impostos são um roubo, que quer emprego para todo mundo, e pronto. Aí o político é eleito, não faz nada do que eu esperava e faço com que ele perca o cargo porque mentiu. Mas não aceito a verdade. É complexo.

MG: A escolha por "mentir" é muito complexa para a pessoa que precisa mentir. Porque você tem uma escolha; quem mente está fazendo uma escolha. "Eu vou contar uma história diferente para você porque acho que a história diferente é melhor do que a verdade." Tem todo um julgamento implícito de como a pessoa que vai receber a mentira ficará melhor porque você mentiu para ela.

Por exemplo, você contou sobre a difícil escolha que sua família fez sobre o que dizer ao seu pai. Talvez ele se entristecesse se soubesse que tinha câncer, e essa tristeza aceleraria a doença; talvez não. Tão difícil saber, não é? Como pai, vejo isso todos os dias. Deixamos de dizer tantas coisas aos nossos filhos com a intenção de protegê-los da dor. E, às vezes, erramos, e acabamos causando uma dor maior ainda. Difícil saber o que fazer com clareza, porque não temos uma bola de cristal para ver as consequências das nossas ações. Podemos ver os dois lados da moeda. Não existe o certo ou o errado. Por isso que é uma decisão tão complexa quando você diz uma mentira piedosa

SOBRE A VERDADE

para uma pessoa. Talvez seja a intenção por trás da ação que conte. Mesmo quando erramos, se a intenção foi boa, a pessoa que recebe a mentira pode entender nosso motivo. Talvez...

A história sobre a refeição também é perfeita. Como você disse, tem todo um outro lado. Quando conta uma história, quando inventa, mente, você está deixando de permitir que a outra pessoa cresça com uma informação talvez dolorosa, mas que pode ocasionar uma transformação, um crescimento. Isso é essencial nos esportes, por exemplo. Um técnico que não é direto e sincero acaba prejudicando o rendimento do atleta. O segredo talvez esteja em como contamos a verdade, de maneira carinhosa ou agressiva.

PARTE II

Sobre a criatividade

MARCELO GLEISER: Nesta segunda parte, gostaria de mudar de assunto para falarmos sobre um tema que é difícil e fascinante. Não é muito abordado, mas interessa a todo mundo, e surgiu também nas minhas conversas com Mario Sergio Cortella. Seria muito instrutivo para todos contrastarmos nossos pontos de vista.

Sugiro conversarmos sobre a questão da criatividade. Você mencionou na primeira parte que a Monja Coen diz que temos pelo menos 5% de liberdade de escolha e que a criatividade, de certa forma, é uma expressão dessa liberdade.

Obviamente, nós dois exercemos essa criatividade — você na sua obra e eu na minha, de formas diferentes. Mas todos exercem sua criatividade de alguma forma, às vezes sem ao menos perceber. Algumas pessoas se acham mais criativas, outras nem tanto, mas a dose de criatividade depende, claro, do que entendemos por criatividade.

Por que o ser humano tem essa necessidade do novo, do inusitado, do que surpreende, do que pode incluir, potencialmente ao menos, uma mensagem transformadora, tanto nas ciências, nas artes e na filosofia, assim como em outras — direi em todas as — áreas do conhecimento?

LEANDRO KARNAL: Nós também temos que fazer um pouco de circunstância histórica, cronológica e geográfica nesse caso. Valorizar uma criação única, "irrepetível", que tenha um traço de ruptura, é algo recente na história do Ocidente europeu que se espraiou por outros lugares.

Enquanto na Idade Média não existia propriamente o artista, mas o artesão, aquilo que nós chamamos de arte muitas vezes era produto de uma corporação de ofício, que devia reproduzir o mais fielmente possível certos cânones. Na Ásia, cheguei a visitar uma Escola Real de Pintura — patrocinada pelo rei do Butão — em que os quatro anos de duração do curso eram calcados na excelência da cópia dos clássicos da pintura budista. Ou seja, você era um mestre, formado, na medida em que conseguia copiar integralmente uma obra-prima. Ou seja, quanto mais você se adaptasse. Isso também funciona na ópera de Beijing, em que o número de passos, o tom e a maquiagem devem corresponder a uma tradição, aprendida e reproduzida.

Nós começamos mais recentemente a ideia de vanguarda no Ocidente, no qual o uso genial da tradição tem que ser subvertido por outra genialidade que mostra que aquele artista é único. Todos pintaram usando a perspectiva, que é uma longa tradição na pintura; mas eu sou Picasso e vou pintar *Les demoiselles d'Avignon*, que hoje está em Nova York, sem perspectiva. É um quadro chapado e vou utilizar vários ângulos de observação sem volume, dado pelo distanciamento de um ponto de fuga.

Isso é o que torna Picasso genial. Todos valorizaram obras únicas na arte — então sou Duchamp, vou fazer no dadaísmo a obra comum, como uma peça de banheiro ou um secador de garrafas, e colocar isso em um museu. Todos valorizam o belo — mas eu sou Gustave Courbet e vou valorizar também a feiura; ou, como Francis Bacon, o pintor do século XX, vou valorizar o desagradável, o irritante; ou Lucian Freud — qualquer um desses pintores contemporâneos.

Mas isso é muito recente. Fui a um restaurante de vanguarda — para voltar à criatividade de vanguarda em Lisboa —, e o chef, estreladíssimo e louvadíssimo, com uma onda de inovação na cozinha lusitana,

SOBRE A CRIATIVIDADE

tinha no cardápio uma das minhas sobremesas preferidas em Portugal, que era pudim à moda do abade de Priscos. Eu pedi, mas recebi um pudim "desconstruído": as amêndoas de um lado, um pouco de creme de leite, um caramelo, tudo separado. E a proposta do chef era que, ao reunir na boca, eu determinaria o ponto de reunião desses ingredientes em separado. Era uma proposta ótima. Naturalmente, essa criatividade só me irritou porque eu queria aquele pudim tradicional, não essa desconstrução pós-moderna que inclusive dispensa o chef — poderia ser só o comprador de ingredientes que conduzisse até a mesa.

Hoje a criatividade é mais ainda um imperativo na nossa sociedade porque as tarefas repetitivas e mecânicas estão distribuídas para algoritmos, robôs ou inteligência artificial. No caso da IA, ainda são incluídas tarefas não repetitivas, que já implicam certo grau de dedução. E é possível que isso cresça mais.

Logo, o ser humano montador da linha de produção que Chaplin notabilizou em *Tempos modernos* é um ser em extinção. Nós teremos um ser humano capaz de pensar estrategicamente novidades e usar toda aquela linguagem que tanto seduz o RH: "Sair da caixinha"; "romper o paradigma"; "quebrar os conformismos"; e assim por diante.

Mas o mercado é um grande limitador da criatividade. Você deve ser ousado, mas não a ponto de o consumidor não reconhecer alguns elementos que mostrem a utilidade do que pretende consumir. Devo inovar sem quebrar certas marcas que identificam determinada forma.

A criatividade hoje também é uma necessidade para se arrumar um emprego. Você tem que responder de forma original — "adaptação", "resiliência", "reinvenção", "protagonismo", todo esse discurso bem estruturado —, mas há limites. Há limites para o consumidor, há limites da empresa — aquela empresa que diz que quer ouvir a crítica

A HUMANIDADE EM BUSCA DE SI

dos funcionários, mas que os criticará se eles forem muito estruturais, e assim por diante.

Devemos ser criativos e também prudentes? Essa é uma pergunta complexa.

MG: Mas se voltarmos ao passado bem distante, vemos, por exemplo, nas pinturas nas cavernas de Lascaux, na França, imagens de animais ou fragmentos de vasos de 20, 30 mil anos, em que o vaso tem uma função prática de servir de recipiente para o vinho, a água ou o azeite, mas esse vaso também é decorado. Esse impulso de transformar uma coisa, um objeto que tem "apenas" uma função prática num objeto que também traz um senso de beleza, uma dimensão estética, é um tipo de identidade da espécie humana. Unir o útil ao belo.

É um traço que marcou e ainda marca a nossa história. Os escribas na Idade Média, que copiavam textos religiosos e filosóficos, também os ilustravam, "iluminando" os textos com criações belíssimas. Existia esse desejo de se adicionar beleza a uma obra. Por exemplo, no caso das bíblias iluminadas da Idade Média, era uma tentativa de se aproximar e venerar a beleza do divino, ou uma mera apreciação da beleza em si, que é algo claro na Grécia e em Roma, no Egito e na China, onde já víamos essa necessidade do humano de adicionar beleza ao que não tem necessariamente a função de ser belo.

Os leitores não estão vendo isso, mas atrás do Leandro há uma imagem de uma biblioteca na Irlanda, do Trinity College, em Dublin, que é belíssima. Por que uma biblioteca tem que ser bela? Existe a função da biblioteca, que é a de colecionar livros nas estantes e organizá-los de forma que os usuários possam localizá-los. Mas, acima disso, cria-se um espaço que não só tem essa função prática, mas que tem também o papel do encantamento, ao tentar criar uma dimensão mágica, fora da realidade diária, que leva a pessoa a querer absorver

60

SOBRE A CRIATIVIDADE

o conteúdo desses livros, a querer entrar e mergulhar nesse espaço transcendente.

Isso me faz lembrar um pouco a série *Cemitério dos livros esquecidos*, a biblioteca fantasmagórica que aparece no quarteto de livros de Carlos Ruiz Zafón, que inclui *A sombra do vento*, do qual sou um grande fã. É a ideia de celebrar não só o pragmatismo das coisas, mas a beleza como convite para um aprofundamento maior, um encantamento com algo que transcende o meramente útil.

A beleza, a criação estética, é um convite. Você olha para uma obra de arte ou escuta uma composição e tudo se transforma, sua realidade se expande. Você, Leandro, que é músico, quando escuta uma sonata para piano de Beethoven, deve se transportar para uma realidade além daquilo que ocorre naquele momento à sua volta. A obra criativa tem uma função muito mais profunda e mexe com alguma coisa que nós, seres humanos, temos, que é mais fácil de ser sentida do que definida. A experiência da beleza parece ser atemporal e vem antes de qualquer explicação.

Essa é uma das manifestações mais emocionantes da criatividade. "Emoção" é uma palavra que vem de *motto*, movimento. A beleza te põe em movimento, mas um movimento na dimensão emocional. Não precisa ser uma obra de arte ou arquitetônica, como a biblioteca que você tem aí como pano de fundo, mas pode ser um texto, a receita de torta de uva preta da minha avó, algo que tem o poder de te transportar para um estado emocional diferente daquele que você está vivenciando. É uma passagem para a transcendência, como as madeleines de Proust.

A criatividade humana é um portal para a contemplação de valores que são essencialmente (ou potencialmente) imortais, mesmo que o gosto estético mude com as culturas e o tempo.

A HUMANIDADE EM BUSCA DE SI

LK: Pegando essa primeira referência, quando você faz uma biblioteca, algumas colunas esculpidas em madeira, provavelmente em carvalho, com capitel coríntio, está remetendo a uma tradição clássica. Você faz um teto abobadado com arcos redondos, remetendo a um ambiente monástico, e então diz que ali, naquele espaço de silêncio e recolhimento, existe a tradição clássica e toda a releitura cristã medieval; logo, isso vai ajudar ao recolhimento, à imaginação e à criação de uma disposição externa para o culto da leitura.

Essa ambientação cenográfica que fale das questões sexuais às produções intelectuais e a existência de cenários, roupas e adereços vão evitar que aquele ato de leitura ou qualquer outro seja reduzido à coisa em si: posso transportar água em qualquer odre, qualquer vaso, mas, se fizer isso com desenhos, eu crio uma distinção.

Vamos pegar uma arte primitiva grega, primitiva como primeira arte cicládica (isto é, das ilhas Cíclades), em que os vasos têm um tal grau de estilização e também as estátuas, que diríamos ter um design contemporâneo. Poderiam estar numa loja de design de Nova York, porque os vasos e as imagens, como a porcelana tradicional chinesa, têm uma modernidade em plena Idade Média nossa, que até hoje torna essa porcelana absolutamente vanguarda.

Mas a função da arte também é sempre estabelecer uma gramática. Quando ponho um afresco, uma pintura, um arco ou um capitel, estou pressupondo o diálogo com pessoas que saibam o que significa aquilo e são dignas de estar naquele lugar. Eis um exemplo bastante conhecido em história: quando se começa a fazer gramados — uma invenção, na prática, inglesa, e que se estende aos castelos do Loire. Em frente ao castelo existe um grande gramado, na França ou na sua origem, na Inglaterra, que significa que sou tão rico, tão rico, que posso imobilizar um terreno agriculturável muito bom com uma coisa inútil que é a grama. E mais: isso demonstra que eu posso, ainda, além

SOBRE A CRIATIVIDADE

de imobilizar um solo, ter tanta mão de obra disponível para cortar a grama.

Esse gramado é signo de distinção social, dá perspectiva ao castelo ou ao palácio e demonstra meu poder. Como as mangas excessivas na baixa Idade Média: tenho tanto dinheiro que posso usar mangas longas, sinal de que tenho tecido sobrando, mesmo o tecido nobre como o adamascado ou o veludo. Ou seja, existe uma simbolização prática.

Os códigos suntuários, os códigos de vestimenta que duraram até a Revolução Francesa, servem a uma gramática de dizer quem é quem. E voltamos às narrativas. A criatividade, nesse caso, faz parte de um universo em que a vivência dessas sutilezas simbólicas mostra que você pertence a um grupo social. Espera-se que algumas pessoas saibam qual é a função do sistema decimal universal na biblioteca e que outras não conheçam esse sistema ao pesquisar numa biblioteca.

Então, tendo isso em vista, eu separo as características com simbologias e artes.

Existe uma coisa muito bonita na arte: ela também é um signo aberto. Eu pinto, esculpo, faço o ambiente arquitetônico para que a pessoa ágrafa, analfabeta, leia as imagens, e para que as pessoas com maior formação de erudição leiam outras questões. Por exemplo, numa típica catedral medieval, a pintura serve como literatura para os não leitores, os leigos; e as frases em latim e as regras matemáticas de construção são para as pessoas mais formadas naquele campo.

Quando a arte consegue se comunicar com vários gêneros, categorias sociais e origens, ela atinge seu grande objetivo de estabelecer um diálogo aberto. Por isso é sempre fascinante. Um quadro é fascinante, uma música é fascinante, porque nos tira de um sistema muito definido de significação e nos remete a outro. Mas só a aristocracia pode trabalhar com coisas sem utilidade. Por isso se dizia, por exemplo, que a filosofia não serve para nada porque ela não é serva de ninguém.

Quem serve é o servo. A filosofia é um pensamento superior porque não serve para nada e só pode ser desenvolvida por alguém que tenha a capacidade de se isolar do mundo da serventia, do mundo do "para que serve" ou "quanto vale", e possa dedicar um dia útil da semana à reflexão, por exemplo, sobre a categoria da estética em Hegel. Você não precisa servir para alguma coisa, você deve fazer do estudo pelo estudo um exercício de criatividade mental e um pouco desse "ócio criativo", para usar a expressão de Domenico De Masi.

MG: Aliás, fala-se que uma das origens da filosofia da Grécia Antiga, durante o período pré-socrático, é justamente o sucesso do mercantilismo no Mediterrâneo, que levou a uma classe que tinha o privilégio de não precisar trabalhar sempre e, portanto, se dava ao luxo de contemplar questões filosóficas não necessariamente úteis e que não geravam capital.

LK: É claro, Marcelo, que se o "não fazer nada" produzisse muito pensamento original, nós seríamos inundados na sociedade pelo pensamento original. Sempre me remeto ao exemplo de Espinosa, que ficava polindo lentes o dia inteiro e produziu uma obra impactante e original.

Mas é óbvio que temos filósofos de origem mais simples, como Aristóteles e Sócrates, e filósofos mais aristocratas, como Montaigne e o próprio Platão.

Existe uma teoria correlata a essa, segundo a qual os grandes poetas, como Homero, se é que ele existiu, eram cegos. Ou seja, não tendo utilidade para a guerra, sem poder exercer o ofício básico de um homem no período pré-homérico ou homérico, eles vão se dedicar a compor canções sobre os guerreiros, os aedos, os rapsodos, que cantam aquelas narrativas que no futuro serão costuradas sob o nome de *Ilíada* e *Odisseia* e atribuídas a um poeta chamado Homero.

SOBRE A CRIATIVIDADE

Sobre a questão da educação, me interessa saber o quanto nós temos até hoje daquele sistema que prevaleceu no tempo do *apartheid*, na África do Sul, onde para a elite branca ensinam filosofia, história etc.; para a escola pública frequentada pelos negros, ensinam a fazer camas, a trocar pneu de carro. Os dirigentes dominadores devem abstrair e os serviçais estariam condenados à arte mecânica, numa atualização da República de Platão, lida como instrumentação racista.

MG: Felizmente, isso já não é mais assim.

LK: Não, não é.

MG: Sou professor honorário da Universidade da África do Sul, em Pretória, e certamente a universidade lá hoje é completamente diferente do antigo modelo racista. No entanto, ainda existem conflitos. Por exemplo, muitos querem abolir o Afrikaans como língua usada na universidade em todas as salas de aula, o que está causando uma revolta das pessoas de origem holandesa, porque existe toda uma cultura da língua Afrikaans, literatura, poesia etc., que pode ser cancelada. É querer apagar a memória do poder opressor, essencialmente. É uma questão complicada.

Mas queria falar um pouco sobre a questão da criatividade em um nível individual, a ideia do impulso criativo em cada um de nós. Você nos contou sobre a crônica que escreveu, a qual narra o conflito entre os dois povos na Sibéria e o evento cataclísmico em Tunguska, que acabou com a briga entre eles. Simplificando um pouco a história, a moral parece ser a de que nossas grandes questões são mera vaidade quando comparadas às forças naturais: "Nós somos essas formiguinhas aqui preocupadas com nossas questões, até que vem um bólido dos céus para demonstrar nossa fragilidade e a pequenez dos nossos orgulhos perante os ciclos naturais." Ao compor essa crônica, você exerceu sua criatividade, encontrou um mecanismo muito efetivo ao usar essa parábola, contando uma história para impactar o seu leitor.

Esse impulso criativo, essa escolha de como contar uma história, que é uma coisa tão humana, carrega em si nossa impressão digital mais profunda. E aqui, história pode ser não apenas uma narração ou um texto, mas também um quadro, uma sinfonia, um teorema matemático, uma receita de bolo, uma teoria física. Essa é a história que contamos ao nosso modo, que contamos com voz própria. Esse é o texto do Leandro, não é o texto do Marcelo. De onde vem isso?

LK: É uma boa pergunta. Você certamente deve ter lido e depois visto o filme baseado no famoso conto *Eu, robô*. Em determinado momento do filme, o personagem de Will Smith pergunta ao robô: "Você pode compor uma sinfonia como Mozart ou pintar um quadro como Van Gogh?" E o robô pergunta: "Eu não, mas o senhor pode?"

Se esse é o critério de humanidade, a humanidade é uma quitinete bem isolada com quatro ou cinco pessoas. Mas será que, de fato, você é capaz de criar algo que outro não tivesse feito?

Em primeiro lugar, essa criação não é *out of the blue*, não é uma criação *ex nihilo*, para ser mais sofisticado. Não é uma criação do nada. Para eu produzir uma história — e eu já produzi várias —, tenho que ter lido outras histórias e percebido que as parábolas de Jesus, as *Fábulas de Esopo* e o *Decamerão* de Boccaccio, por exemplo, são maneiras de traduzir princípios através de histórias quase pedagógicas, instrutivas.

Existe uma forma que não criei. Assim como o soneto é uma forma prévia à qual o poeta aplica seu talento, com dois quartetos e dois tercetos (4-4-3-3), e, como tal, no final terá quatorze versos. Poderá ter uma rima A-B-A-B, ou A-B-B-A, ou A-B-A-B-C, ou vários outros

SOBRE A CRIATIVIDADE

modelos de rima; poderá ser uma redondilha maior, um verso alexan-
drino heroico, mas ele tem fórmulas. E mesmo quando descontruo essa
fórmula e faço um verso chamado "livre", e estou contestando um
cânone e faço o inverso, sigo o cânone com o vetor contrário. Ou seja,
estou contestando o cânone, mas fazendo o que ele manda, no vetor contrário. ("Vetor", aqui em português, não se refere exatamente ao princípio da física, mas indica, nesse caso, que ainda estou fiel ao cânone.)

Há duas maneiras de eu respeitar a família tradicional. Uma é sendo
tradicional e a outra é fazendo uma tatuagem, e a exibindo para a
família. São duas formas de respeito. As duas formas observam as regras; uma segue, outra viola. Mas ambas ainda reconhecem o código.

Acho que os revolucionários da criatividade são aquelas pessoas
capazes de reinventar a língua, a arte ou qualquer coisa a partir de
pressupostos inteiramente novos. Claro, mesmo se o pressuposto é
novo, a formação para chegar ali não é.

Para chegar ao traço simples de *Guernica*, Picasso teve que pintar
longamente na sua fase azul e rosa e, anteriormente, na sua fase mais
costumbrista em Barcelona, quadros um pouco mais tradicionais.
Foi depois que se reorientou, como fez Kandinsky rumo ao abstra-
cionismo, como fez Mondrian rumo ao plasticismo abstrato, e assim
por diante. Ou seja, são artistas que seguiram uma trajetória com um
ponto de partida mais tradicional.

Quando examino, por exemplo, a composição final de Kandinsky
ou as composições finais de Mondrian um pouco antes de morrer,
em Nova York, estou observando uma história. Se olho apenas aquele
ponto, ignoro que "sou um anão no ombro de gigantes" — como diz
aquela velha frase medieval. Se eu enxergo além da cabeça do gigante,
não devo ignorar o fato de que tive formação prévia.

Contudo, às vezes, alguém inova por ignorância — e sou testemu-
nha disso. Não apenas por acidente, como no processo de vulcanização

da borracha; mas alguém, por ignorância, não sabendo qual era o cânone, acaba inovando. Isso por vezes acontece com textos de pessoas muito *outsiders* que, não tendo passado pela formação tradicional, inovam sem saber disso. Como se retirassem a amêndoa do pudim de Abranches, mas não porque achem que estão inovando, mas por nunca terem ouvido falar que naquele pudim deveria ir a amêndoa.

E nem toda inovação é criativa. Algumas são rebeldias passageiras que desaparecem com o tempo porque pareciam apenas uma maneira de expressar um sentimento, fruto do mercado ou do desejo, algo que não faz mais sentido. A criatividade é um tema complexo e, reconheço com você, é uma marca absoluta do humano. O joão-de-barro faz sua casa com o mesmo material e com a mesma forma básica desde que "surgiu" como ave. E não existe joão-de-barro Le Corbusier, nem joão-de-barro Lloyd Wright; não existe joão-de-barro do brutalismo paulista, que é a nossa escola mais notável de arquitetura. Mas o joão-de-barro vai fazer sempre a mesma coisa. A criatividade não é valorizada no seu mundo. Ele nem sequer tem a possibilidade de fazer algo diferente daquilo. Nós, entretanto, precisamos romper com o de sempre. Acredito que hoje em dia isso seja uma perspectiva de mercado, mas sempre foi uma perspectiva de humanidade também.

MG: Tem uma parte comercial, obviamente, fundamental na arte e na criatividade humana em todos os aspectos, mas existe também uma parte que eu diria que é mais transformadora — uma tentativa de transcendência. O ato criativo em nível individual é um instrumento de transcendência. Ele tem o "aspecto de você", isto é, ampliar a percepção de quem você é através do ato criativo.

Nem toda arte é dirigida ao outro, necessariamente. Claro, existe a intencionalidade de se conectar com o outro no ato criativo, já que raramente um poeta esconde seus livros no sótão para que ninguém

SOBRE A CRIATIVIDADE

saiba que ele é um poeta. Além dessas anomalias, me parece óbvio que existe uma inquietude humana, uma necessidade de se expressar por algum meio, na maioria das pessoas. E quem não sente essa inquietude poderia senti-la se soubesse que pode expressá-la de alguma forma. Porém, muitas vezes se calam, tímidas. Existe um elitismo com relação ao ato criativo, que é a ideia do gênio, a ideia de que não é possível fazer algo que tenha algum valor artístico.

Tenho um amigo querido que escreve muito bem. Um dia eu lhe disse: "Por que você não tenta escrever um livro?" E ele respondeu: "Porque nunca vou ser melhor que Hermann Hesse, Thomas Mann ou Machado de Assis. Então para que escrever um livro?" Eu falei: "Mas isso não tem nada a ver. Não precisa ser melhor do que Hermann Hesse, Fernando Pessoa ou Eça de Queirós para escrever um livro. Você tem que escrever um livro porque esse vai ser o *seu* livro." Ou, generalizando, esse vai ser o seu desenho, a sua improvisação no piano, a sua torta de uva preta etc.

Isso, a meu ver, é como podemos incentivar as pessoas a serem criativas da forma que for possível para elas, sem essa elitização que diz que só os gênios são criativos. Todo mundo tem a capacidade de ser criativo, e essa criação, esse ato criativo, é um processo de aproximação com partes da sua personalidade que, às vezes, você nem sabe que tem, ou que estão esquecidas ou reprimidas. A criatividade é uma maneira de as pessoas se libertarem de prisões que, em geral, são falsas, cujas portas elas mesmas trancaram. É um processo essencial de autoconhecimento, em que você se expõe a você mesmo, até as partes de você que são, talvez, dolorosas ou inconvenientes.

LK: E tem uma outra questão importante, que é o gênio ter uma excelência de execução de obras muito grande, mas não necessariamente no campo da disruptura com o modelo. Rafael é menos criativo que

Giotto. Giotto teve que romper mais paradigmas que Rafael. Picasso é mais criativo que Anker no século XIX.

É importante lembrar que a criatividade faz parte de um elemento que às vezes está identificado com a genialidade. Falo isso não como historiador, mas como professor. Dizer que não faço algo em função de alguém já ter feito o mesmo de forma muito boa é eliminar o caráter perfectível do humano ao apontar a perfeição. Geralmente isso indica preguiça. Como nunca terei o corpo do Arnold Schwarzenegger, jamais irei à academia de novo? Como não terei o dinheiro do Bill Gates, então para que ficar guardando dinheiro? Quando aponto um objetivo que seria o top da produção naquela área, estou estabelecendo que se eu não tenho como atingi-lo, e eu não tenho, necessariamente não preciso fazer mais nada. Ora, esse é com frequência um argumento ruim para explicar a falta de vontade de aperfeiçoamento.

Você e eu somos perfectíveis. Não sou o melhor historiador do mundo — aliás, não estou entre os dez melhores, talvez nem entre os cem. Mas o que tentei e o que fiz dentro da minha área foi muito para aquilo que considerava importante. No futuro, podem me considerar uma completa capivara (aliás, no presente, já tem quem considere assim), e não tenho muito controle sobre isso.

Alguém que é escritor, artista ou tem uma vocação — para usar a expressão de Weber, "a vocação para a ciência" — é porque precisa fazer aquilo. Van Gogh não vendeu seus quadros. Aliás, se ele parasse de vender quadros para vender pãozinho e baguetes ao final da tarde na padaria em Arles, teria levado uma vida mais tranquila. Ou abrindo uma floricultura holandesa. Os holandeses já tinham fama de ser grandes cultivadores de flores no século XIX. Mas Van Gogh precisava pintar, não importava a fome que passasse, o medo que causasse em Gauguin, a decepção da cunhada ou o caráter preocupado do irmão Theo — ele precisava pintar. Ele precisou pintar até o fim.

SOBRE A CRIATIVIDADE

Um escritor precisa escrever, como o marquês de Sade preso na Bastilha precisava escrever. Ou seja, ele tem esse impulso. Um cientista arrisca a vida por aquilo que acha que é a sua concepção de verdade, como fez Galileu em vários momentos. Já que você citou Fernando Pessoa, vale lembrar que ele publicou muito pouco em vida também.

Kafka não publicou quase nada em vida. Pediu a Max Brod, seu amigo, que queimasse seus manuscritos quando morresse. É fascinante que, mesmo assim, ele continuou escrevendo, porque aquilo era uma necessidade de comunicação profunda, mesmo se alguém lhe dissesse que nunca conseguiria escrever em alemão como Goethe. De fato, não escreveu como Goethe; escreveu como Kafka. Quem é maior no conhecimento da língua alemã, das metáforas e mitologias? Goethe. Na tradução da angústia do século XX, dos problemas do século XX, Kafka.

Essas comparações com os melhores de uma área são, muitas vezes, uma desculpa para não buscar esse necessário aperfeiçoamento permanente. O essencial é fazer o máximo possível. Mesmo indo à academia todos os dias, não vou chegar ao ponto de ter o mais belo corpo do mundo. Contudo, vou impedir que o meu seja o pior, pelo menos da minha casa ou do condomínio, mas acima de tudo para mim mesmo.

MG: Gostaria de levantar outro ponto nesta conversa. Acho que o grande erro dessa comparação que as pessoas fazem é que estão se comparando com o outro como medida de sucesso. Na verdade, o processo criativo, para mim pelo menos, e digo isso para muitas pessoas, é uma comparação consigo mesmo. Quando você decide participar de uma corrida, não é para chegar em primeiro lugar; é para correr da melhor forma possível. A competição mais importante é consigo. Como posso melhorar em algo? Quando deixa de se medir

A HUMANIDADE EM BUSCA DE SI

a partir do outro, não usa o outro como critério do seu sucesso e começa a medir sua performance ou produtividade com relação a si mesmo, você ganha um potencial de crescimento muito maior, que nunca vai se manifestar se sucumbir a essa preguiça.

"Como nunca vou ser Einstein, para que vou estudar física?" O ponto aqui não é você ser um novo Einstein, mas é poder dar luz, dar vida a essa intenção criativa que é só sua. Com isso, você se manifesta, enquanto ser humano, de uma forma que não é de mais ninguém, é só sua. Se porventura você for um novo Picasso, ou um novo Beethoven, ou seja lá quem for, que ótimo. Mas a intenção nunca deve ser essa, porque inibe as pessoas de ir à academia todos os dias, ou de correr mais rápido, ou de tentar distâncias mais longas, ou de aprender a tocar violoncelo, ou de escrever um livro ou um poema. No nível individual, é importante entender que cada um deve explorar e se apropriar de sua criatividade seja lá no que for, do campo de futebol à cozinha.

Existe também a ideia do elitismo do gênio. O gênio é aquela pessoa para quem tudo é fácil. Isso é um mito total e absoluto. Nenhuma obra ou criação de impacto maior vem de forma fácil. Einstein suou e errou durante dez anos para poder chegar à teoria geral da relatividade. É claro que ele era um cara genial. Sem dúvida, na história da ciência, existem poucos como ele, da mesma forma que Picasso e Van Gogh nas artes. Isso não significa que não sofreram com o processo criativo, que não se dedicaram, e muito, a dominar a metodologia necessária, as técnicas da profissão.

Você mencionou Picasso. Acabo de voltar de Barcelona. Visitei o Museu Picasso, onde, entre outras, são exibidas as obras que pintou quando adolescente. E é maravilhoso perceber seu crescimento como artista, imitando o modo de pintar que existia na época, para dominar as técnicas necessárias e criar algo novo, tentando ir além. Porque

SOBRE A CRIATIVIDADE

só quando você domina as técnicas existentes é que pode acrescentar o seu toque individual ao que está fazendo — seja lá o que for.

LK: Você tocou em pontos em que acredito muito, Marcelo. Em primeiro lugar, a concepção mágica da genialidade, de que ela é um dom gratuito, uma coisa elusiva, extraordinária. Isso é um mito, um mito absoluto. Naturalmente, por vários motivos, há pessoas que se inclinam desde cedo a uma área, mas elas precisam de dedicação e esforço, já que nada cai do céu.

Nós construímos esse mito de um Mozart que já larga do seio da mãe escrevendo uma fuga com contraponto. Ele vem em parte do esforço de seu pai de criar um menino prodígio, e vendê-lo como tal. Mas as primeiras obras de Mozart são muito ruins. A pintura do jovem Picasso, cujo pai também era pintor, era algo comum. Mesmo seu famoso quadro da primeira comunhão em Barcelona, um dos marcos iniciais, é uma daquelas obras vendidas em Montmartre, em Paris ou aqui em alguns lugares, um quadro para turista comprar e decorar a lareira da sua casa. Ou seja, não é uma obra marcante. Ele teve que melhorar, aprender, ousar, e isso é visível.

A nona sinfonia de Beethoven é mais elaborada do que a primeira. E ele, ao compor a primeira sinfonia, já era um músico adulto e conhecedor. Em primeiro lugar, nós, em particular no Brasil, gostamos muito da inspiração e pouco da transpiração. Achamos que tem que ser tudo inspirado, e eliminamos os andaimes necessários para chegar a esse topo. Em segundo lugar, achamos que o gênio é total, que é gênio em tudo o que faz. O mesmo Einstein que elaborou com brilhantismo suas teorias era um tocador mediano de violino. Não era um gênio da música, não era um Paganini. Tive muitos colegas universitários capazes de uma compreensão agudíssima do mundo, mas que enfrentavam mal o desafio de amarrar seu próprio cadarço ou de achar a chave do carro. A genialidade deles não era uma universalidade.

Vamos incluir aqui um ou dois elementos subjetivos. Picasso é um gênio da arte, sem dúvidas, mas não era o melhor marido, nem o melhor companheiro das mulheres; Einstein também não. Nem sequer o melhor pai. Ou seja, a criatividade genial não necessariamente lhe dá a grandeza moral. O pai de Einstein foi melhor para ele do que Einstein foi para seus filhos, especialmente para um deles, que passou a maior parte da vida internado numa instituição para doentes mentais.

Existe esse ponto e, finalmente, o fator subjetivo. O gênio não é necessariamente feliz. Alguns até são, mas em geral muito atormentados. Como diria o tio do Homem-Aranha, "com grandes poderes vêm grandes responsabilidades".

Um homem poderoso, como Alexandre, o Grande, ou como Napoleão, não é necessariamente a pessoa mais feliz do mundo. E o gênio é sempre limitado em outras áreas. Napoleão, gênio da estratégia, formado em artilharia de canhões na Escola Militar de Paris, tinha dificuldades com a estratégia náutica. Perdeu a batalha no delta do Nilo, perdeu em Trafalgar, na Espanha, e perdeu em vários lugares porque não era o gênio da náutica. Ele era o gênio da terra. Ou seja, há limites. A obra de todo gênio tem irregularidades.

Temos também a situação em que, depois de vinte ou trinta anos de esforço, tendo estudado toda a tradição e as rupturas na sua área de trabalho, um ser humano consegue criar uma obra muito, muito boa. E nós olhamos apenas a obra em si, nos esquecendo da enorme dedicação do autor. Isso me lembra uma pergunta que me foi feita por um jornalista do Rio, que eu adoro: "É verdade que você batalhou trinta anos para surgir de repente?" E eu disse: "É verdade." É verdade que eu batalhei trinta anos para surgir "de repente".

SOBRE A CRIATIVIDADE

MG: As pessoas só olham para o "de repente", não para os trinta anos, esse é o problema. Com minha carreira ocorre algo semelhante: "Ah, mas o Marcelo ganhou esse ou aquele prêmio e publicou tantos livros e artigos." Sim, mas isso tudo veio após décadas de estudo e privações, e muito esforço e dedicação. Esse esforço é muito mais importante do que as premiações. As escolhas que fazemos podem até nos isolar um pouco do mundo, das pessoas, porque o estudo às vezes é um amante egoísta, ciumento. Quando nos dedicamos a ele é com paixão, uma voracidade que faz com que nos esqueçamos um pouco do resto. Mas sempre tentei encontrar um equilíbrio entre o trabalho e as pessoas na minha vida, inclusive sendo pai de cinco filhos, a quem me dedico sempre e acima de tudo.

Foi por isso que você mencionou Picasso e Einstein, certo? Eles estavam mais preocupados com o processo criativo, com a ciência e com a arte, do que com as pessoas em sua vida, inclusive seus filhos e esposas, o que me parece trágico. Felizmente, isso é algo que hoje em dia é muito menos aceito do que na época deles, no início do século XX. Ainda bem.

Mudando de assunto, e se falássemos um pouco agora sobre o que uma pessoa pode fazer para ser mais criativa? Existem exercícios, métodos? Talvez quando como vamos à academia para levantar peso, exercitar o corpo? O Arnold Schwarzenegger, por exemplo, não se considera um halterofilista, mas um "escultor do corpo". Tem um documentário muito interessante em que ele explica isso: "Nossa intenção era esculpir os músculos, como se nos transformássemos numa obra de arte, numa escultura viva." Ele via seu trabalho na academia, certamente muito duro, dessa forma.

E para uma pessoa que ainda não começou, que ainda não se dedicou a uma atividade um pouco mais criativa? E criatividade aqui pode ser em diversas áreas, das artes aos esportes. O que podemos dizer a essa pessoa para plantar uma sementinha?

LK: Pela nossa tradição norte-americana, é importante colocar na embalagem algumas advertências, algo como: "Esse produto é perigoso." Ou seja, se você vai consumir ou produzir criatividade, saiba que ela tem um custo. Se decidir casar vestida de vermelho, e não de branco — o que já foi feito —, isso terá um custo. Você vai causar impacto, mas também conviver com críticas. Ou seja, ser criativo é também se isolar um pouco do mainstream, e é preciso levar em conta esse custo.

Está disposto a esse custo? Leve também em conta o custo para você. Quero esculpir o meu corpo, mas também injetar alguns produtos que possam estimular essa escultura de forma mais rápida ou impactante. Bem, há um custo. Qual é o grau de apego ao seu fígado, por exemplo? É sempre melhor destruir órgãos duplos, como pulmões, testículos e rins, do que órgãos únicos como o fígado. Mas o fígado ainda pode funcionar sem algumas partes. O coração é um pouquinho mais complicado.

Fora isso, você vai ter que pensar em que tipo de criatividade quer se inserir. Quem é criativo? A dona de casa que mora na periferia de São Paulo, em uma comunidade, que deve fazer almoço para seis pessoas com uma verba muito limitada e consegue fazer, ou o chefe de cozinha que tem quinze assistentes, todos os mercados do mundo à sua disposição, e faz uma desconstrução do pudim? Quem é mais criativo, aquele que pega um pouco de barro e o transforma numa escultura ou aquela pessoa que tem um ateliê com muitos auxiliares?

Na verdade, todas as pessoas têm alguma forma de criatividade. É uma demanda pessoal sua, e você está disposto a pagar algum preço. A primeira questão é saber como funciona a estrutura de produção do conhecimento da sua área. Por exemplo, na Renascença italiana, os construtores de catedrais usavam andaimes sem antes calcular a resistência do material usado. Brunelleschi, no entanto, na construção da cúpula da catedral Santa Maria del Fiore, em Florença, questionou

SOBRE A CRIATIVIDADE

a tradição: "E se eu calculasse antes a resistência do material?" Algo que nunca havia sido feito.

Um outro ponto. Como, no processo criativo, transformo a minha dor? Afinal, Brunelleschi fez a cúpula, mas para isso perdeu para Ghiberti a disputa para fazer as portas do Batistério de São João, em Florença. Brunelleschi transformou essa perda em raiva produtiva. Como você canaliza suas raivas, seus ressentimentos e suas dores para a produção?

Beethoven era acordado de madrugada pelo pai alcoólatra em Bonn, que o agredia para que estudasse piano. Ele tinha tudo para ser alguém que odiasse profundamente o instrumento. Devia ter tanta raiva do pai músico e alcoólatra que acabou se transformando num compositor genial.

Bach teve vinte filhos, e não era um homem rico com babás à disposição. Claro que suas duas esposas colaboraram decisivamente, mas ele também se dedicava à família. Ainda assim, encontrou tempo para ser uma das mentes mais criativas e prolíficas da música.

Como se faz um prédio? Como se escreve um livro? Se quero criar, vou aprender antes como funciona, com humildade, em um processo formativo, não imitativo. Se eu apenas imitar, nunca criarei nada. Mas veja que imitar bem já é um passo adiante e garante certo sucesso.

Os êmulos, os copiadores, sempre têm espaço de mercado. Quem copia bem uma roupa ou um quadro tem um bom espaço de mercado, mas os gênios vão além. Picasso, por exemplo, estudou Velázquez longamente. O que Velázquez tem a ver com Picasso? Tudo. Tanto que ele refez *As meninas* dezenas de vezes. E ao estudar como um gênio do barroco criava, Picasso entendeu a estrutura da pintura e pôde reduzi-la às suas partes mais significativas. Seria como se Picasso separasse os átomos e pudesse olhar a estrutura atômica sem toda a carga ao redor. Resultado: ele entendeu, estudou, pesquisou, teve um impulso inicial — seu pai era pintor — e assim por diante.

É preciso transformar dor em criação. Se sou, por exemplo, um filho numa família não muito organizada, como Beethoven ou Leonardo da Vinci; se tenho sentimentos sexuais ambíguos, como Schubert; se tenho angústias psíquicas enormes, como Van Gogh, eu transformo isso em um impulso criativo.

Ouça os outros, mas não faça do outro uma bula inevitável, porque se eu ouvir todo mundo serei um mínimo múltiplo comum (ou um máximo divisor comum, se preferirem na metáfora) de todos os outros.

Esse é o tipo de liderança ruim. É aquela que pergunta a opinião de todo mundo e segue a da maioria. Para isso não precisamos de um líder, basta uma planilha do Excel. O criador é um pouco esse líder que ouve, especialmente aos seus críticos, reflete e vai fundo naquilo que deve fazer, seguindo um caminho evolutivo dentro da sua trajetória. Se ele começa a reproduzir muito o que fez de original, surge aquele célebre problema que, na minha época, era o segundo LP, depois virou o segundo CD, e acho que hoje seria a segunda lista de *streaming* — não sei como se chamaria agora.

Você conseguiu ser inovador no primeiro. No segundo, já é mais difícil. Você teve um espasmo de inovação. Será que consegue ter de novo? Há pintores que tentaram reproduzir o próprio estilo ouvindo muito seus críticos; esses literalmente decaíram. É o caso nítido de Anita Malfatti, que, depois de um impulso enorme de criação, nas décadas seguintes não manifestou a mesma característica.

E mesmo Picasso, depois dos anos 1950, passou a vender Picasso. Porque amava muito tanto dinheiro quanto mulheres. Isso fez com que pintasse muita coisa parecida com o que já tinha feito, fazendo fortuna como pintor, mas ao mesmo tempo perdendo aquele impulso que foi de 1901 até 1937, período em que ele, a cada quadro, revolucionou a história da arte.

SOBRE A CRIATIVIDADE

E tem aquele ansioso demais, que, querendo fazer sua obra-prima, se agita e precisa de meditação, estudos, viagens, ano sabático, de mais leituras, e prepara, e prepara, e como dizem os latinos: "As montanhas se agitam e acabam parindo ratos." Finalmente, quando ele mostra ao mundo o resultado desse esforço, já não tem mais sentido.

Não há uma fórmula para ser criativo, mas há fórmulas para impedir a criação: muita preocupação com os outros, muito medo de que a dor domine e não se torne impulso; ignorar o suor, o esforço e o estudo necessários; e, finalmente, achar que está sendo criativo para agradar o mundo. Se você está fazendo isso, nunca será de fato alguém criativo.

Toda escolha tem seu preço e implica uma perda. É importante falar sobre isso. Sempre haverá arrependimento nas escolhas feitas. Faça a escolha que provocará o arrependimento menos estrutural. Você vai pensar: "Nossa, eu deveria ter estudado mais ou menos, deveria ter investido mais no corpo ou menos, acumulado mais dinheiro ou menos."

E lembre-se sempre de que um dia pode cair do céu algo como em Tunguska, e todo esse esforço vai ser devastado.

MG: Fantástico. Muito bom. Eu queria só fazer um comentário final sobre essa parte, frisando alguns dos pontos que você levantou. Achei muito interessante você mencionar que o crítico não precisa ser um crítico profissional. Certamente, quando você já tem alguma visibilidade, por exemplo, como artista, sua exposição poderá receber resenhas do crítico de arte da *Folha*, do *Estadão*, ou de alguma outra publicação, que vai dizer isso ou aquilo sobre a sua obra. Mas o crítico pode ser seu irmão, quando você escreve seu primeiro poema, ou um professor, ou sua esposa ou marido.

A HUMANIDADE EM BUSCA DE SI

Você deve, sim, ouvir os críticos, mas jamais se limitar ao que dizem. A crítica pode ser extremamente destrutiva ou, pelo menos, não necessariamente construtiva, e servir como um impedimento para que exerça essa liberdade de criar, que é uma coisa que todo mundo deveria fazer. Incontáveis carreiras acadêmicas e artísticas foram e são destruídas por críticos insensíveis. Independentemente de onde você mora, do seu trabalho, da sua classe social, ou no que acredita, todo mundo deveria exercer a liberdade de criar. Não interessa se é uma estátua de barro no estilo do sertão porque eu moro lá; ou se é uma sinfonia polifônica criada em um supersintetizador, que tenho no meu estúdio; ou se é um corpo perfeito porque posso ir a uma academia todos os dias; ou se são as orquídeas que tenho no meu apartamento, que arranjo de forma especialmente bela.

O ato criativo é uma expressão de liberdade do indivíduo e deve ser cultivado como instrumento de autoconhecimento.

No entanto, também temos que entender que não estamos criando para os outros. Usar o outro como guia do seu processo criativo — a menos que seja como musa ou inspiração — é um modo de inibir sua própria criatividade, porque você estará servindo aos interesses dos outros em vez de seguir sua própria visão. Vemos muito isso hoje em dia nas mídias sociais, nas pessoas que no Instagram ou no TikTok criam uma persona, um avatar digital que serve aos interesses dos outros e cuja preocupação maior é sobre como serão percebidas pelos "seguidores". Você vira um ator para o mundo, ou ao menos essa é a ilusão de muitos. Isso cria um esvaziamento da alma, da sua essência como pessoa, quando a medida do seu sucesso pessoal vem da crítica ou aceitação dos outros. Isso é extremamente perigoso, pois muita gente se aproveita disso para exercer sua crueldade, e muitas pessoas são prejudicadas. Adolescentes, em particular, sofrem muito com essas críticas que vêm dos outros.

SOBRE A CRIATIVIDADE

Portanto, as pessoas devem fazer um esforço consciente para se esquecer do outro quando se engajam num processo criativo qualquer, focando mais como podem crescer e se transformar ao exercitar essa liberdade de criação, seja lá em qual área for. No ato criativo, o essencial é o fazer da obra, não o seu impacto.

Mas nunca podemos esquecer que a criatividade necessita de um aprendizado. Você não vai criar algo interessante para si mesmo ou para outra pessoa sem se dedicar ao estudo das técnicas necessárias para poder expressar aquilo que deseja. Quanto maior o domínio da técnica, mais profunda vai ser a expressão da criatividade, porque será possível dar vida ao que se planeja, em qualquer plataforma.

LK: Você tocou num ponto muito importante que é o surgimento de uma crítica difusa, capilarizada, atomizada, que é a da internet.

Antes disso, vamos ao primeiro exemplo de críticos que você deu. Eu fiz um poema e mostrei ao meu irmão. É função dos irmãos, desde Caim e Abel, Esaú e Jacó, dar perspectiva ao irmão. Mas a pergunta que sempre deve ser feita é: "Meu irmão escreve um poema muito melhor?" Se o poema do meu irmão for muito melhor, leve em conta a hipótese "a" — que a crítica dele é bem fundamentada; e a hipótese "b" — que, mesmo sendo um poeta melhor, ele fez uma projeção, que incluiu certo ressentimento, de que eu tentaria trilhar um caminho que ele já trilha. Mas a hipótese "c" é a mais comum: pessoas que nada realizaram, nada escreveram, se arvoram no direito da crítica.

Então, regra de internet: crítica construtiva só de alguém que construiu alguma coisa. Por exemplo, você está iniciando uma carreira como pesquisador em física e acessa o Marcelo porque ele tem uma carreira com todo o esforço, custo, ônus e bônus de um profissional de sucesso e pode lhe dizer coisas importantes. Mas se alguém que não fez faculdade de física, nem mestrado e doutorado, não publicou nada e não é reconhecido por ninguém diz que o seu texto é ruim, a chance de a crítica ser um espelho da inveja e do ressentimento é muito grande. Não é certeza, mas é muito grande.

Portanto, é muito importante qualificar os críticos — lembrando que o crítico de gastronomia raramente frita um ovo e que o crítico de música nunca regeu uma orquestra. E que, às vezes, o crítico da literatura não publicou nada. Lembrei de uma colega que me disse: "Nunca tenha como editor dos seus livros um escritor, porque ele vai estabelecer concorrência com seu texto." Acho que é uma generalização, mas serve como referência. Muito cuidado porque o que a internet mais vai criticar é o sucesso e a exposição, não a qualidade desse sucesso e dessa exposição.

Aprendi que na internet não importa o que diga, você terá seus detratores, e pelo único fato de poder dizer. Como me disse uma vez uma menina: "Leandro, você está muito vaidoso, a sua vaidade está cegando." Eu perguntei: "Mas cegando quem? A mim ou a você? Ela cega você pela dor ou ela cega a mim porque eu não vejo alguma coisa?" O que objetivamente diz da minha obra a minha vaidade?

É isso que temos que avaliar. Sim, a vaidade é um problema; a crítica, no entanto, nem sempre nasce de uma leitura objetiva do outro, mas de dizer o que o outro teria feito, que é a norma em banca de doutorado na área de história. "Eu teria feito isso, eu teria feito aquilo, e você fez isso..." Bem, mas não fez e, naquela área, esse pesquisador doutorando sabe mais do que você, porque está pesquisando esse tema há anos. Você, membro da banca, pode levantar questões de como o doutorando atingiria melhor seus objetivos. Mas nem sempre é assim que a coisa funciona. Ora, se professores doutores, com toda a formação que têm, não conseguem disfarçar seu incômodo diante de um bom trabalho, imagine a média da internet.

SOBRE A CRIATIVIDADE

É algo muito complicado o sucesso. Segundo Nelson Rodrigues, é o único defeito imperdoável em todas as pessoas. E como me disse uma pessoa há algum tempo: "Isso que você escreve, qualquer um escreve." Respondi: "Então faça, veja como é fácil. Você vai se tornar um dos escritores de maior sucesso no país escrevendo qualquer coisa. É fácil. Você não deseja fama, dinheiro, exposição, convites? Então vá em frente! Mas cuidado, porque talvez não consiga fazer o que julga ser tão fácil."

Os críticos também podem estar certos, claro. Temos, no entanto, muitos exemplos de pessoas ou obras que foram destruídas por críticos ou críticas medíocres, como o poema "No meio do caminho", do Drummond. Ele até publicou várias dessas críticas que diziam que ele era um poeta sem futuro.

MG: É importante mencionar que nenhuma crítica é objetiva. A ideia de que a crítica pode ser objetiva é uma fantasia total e absoluta. Toda crítica carrega a subjetividade, o contexto cultural, a história de vida do crítico, o seu olhar pessoal. E, obviamente, isso é refletido no que essa crítica está dizendo. De certa forma, a crítica é muito mais um espelho do crítico do que um espelho da obra que está sendo criticada. A obra que está sendo criticada é um portal para que o crítico possa expressar sua voz, sua visão de mundo. Sim, a obra pode ser muito fraca, mas o modo como isso é expresso depende totalmente da voz do crítico. Tanto assim que dois críticos analisando a mesma obra vão se expressar de modo diferente, mesmo que concordem com o valor da obra.

LK: Quando escrevo críticas em jornal, minha intenção é ampliar a possibilidade do público de ver aquela obra. Se um autor tem um livro recém-lançado que faz sucesso, descrevo qual a sua tradição literária, quais foram os objetivos do autor, porque usa "x" ou "y" quando escreve. Com isso, a crítica insere proximidades e afastamentos que ajudam o leitor a aproveitar e se aprofundar mais na obra.

Agora, a tradição de banca de doutorado nas universidades é: "Na página 226, você não usou vírgula após uma oração adverbial, então, nesse caso, vi que havia uma revisão ruim. Recomendo que você faça uma revisão." Mas todo o trabalho escrito tem problemas de revisão, inclusive os meus e os daquela pessoa que está falando.

O formato da crítica tem algum sentido, mas a pergunta é ou deveria ser: "Essa obra produz algo novo ou reorganiza coisas antigas?" Gostamos de respostas "lacradoras". É uma lenda urbana francesa que em uma banca um professor começou a crítica dizendo: "Seu trabalho tem coisas novas e tem coisas boas. Infelizmente, tudo o que é bom não é novo e tudo o que é novo não é bom." Seria uma crítica "lacradora" que destrói a obra do aluno: "Onde foi bom você repetiu; onde inovou não foi bom."

Ou seja, a crítica também é um exercício de poder. Banca é um exercício de poder. Domínio de público, "lacração", é um exercício de poder. Você tem que sentir no texto. A intenção já é dita logo nas primeiras linhas, já dá para sentir. Por exemplo: "Há algo de podre no reino da Dinamarca", dito por Hamlet. Ou assim: "Marcelo Gleiser, incensado pela opinião pública..." Pronto, aí já abriu o caminho para a dor, ou seja, "Marcelo Gleiser, que tem uma coisa que não tenho, e não entendo por que tanta gente lê, segue, acompanha e premia... e eu, que ninguém lê, ninguém acompanha, ninguém segue, ninguém premia... mas descobri que ele cita errado o local de publicação que é Leipzig, e não tal lugar".

O crítico encontra um erro às vezes verdadeiro mas trivial e se apega a isso. O crítico funciona um pouco como o repórter fotográfico, o fotógrafo moderno de grandes jornais. Ele não quer a foto do entrevistado de terno e gravata com um olhar bom. Ele quer a cena pitoresca. Quando dou entrevista para alguns jornais, sei que se eu falar durante quatro horas e na última frase levar o dedo ao nariz, essa será a foto a ilustrar a reportagem, porque ele quer *épater la bourgeoisie*, escandalizar a burguesia.

PARTE III

Sobre a ciência e a religião

MARCELO GLEISER: Não podíamos deixar de conversar sobre a questão da relação entre a ciência e a religião, aproveitando o seu conhecimento histórico. Em particular, sobre como esse conflito surgiu, até que ponto foi fabricado, sua existência às vezes extremamente violenta, especialmente durante a Renascença, com raízes que começam bem antes, já com Santo Agostinho, e ainda antes.

Seria excelente para nossos leitores se traçássemos uma breve história do conflito entre ciência e religião, porque são coisas que, obviamente, falam diretamente a muita gente. Como você sabe, esse é um tema que considero muito importante e que abordo com frequência em meus escritos e obras.

É uma oportunidade fantástica pensarmos juntos sobre essa riquíssima história, informando as pessoas sobre o que ocorreu e ocorre com esses dois lados supostamente antagônicos do conhecimento humano.

LEANDRO KARNAL: É um tema vastíssimo. Uma parte expressiva da minha biblioteca é dedicada às relações entre o fazer da ciência e o fazer da religião.

A primeira questão é cuidar da fenomenologia. O que a gente chama em história — diferente de como é na filosofia — de fenomenologia? É quando se identifica um processo como a ciência e se traça uma linha de tempo que vem, pelo menos, de Eratóstenes até o século XXI. E então, analiso quem lidou com números, quem lidou com matemática, com astronomia e assim por diante.

O que se considera ciência a partir do Iluminismo não tem nada a ver com o que era ciência na Grécia. Também o que se considera religião hoje não tem relação direta com o Império Romano, por exemplo.

Há quem considere que a palavra "religião", no sentido de "religar", só poderia ter sentido nos monoteísmos, e seria ainda mais bem expressa quando se trata de uma concepção associada ao catolicismo medieval. Ou seja, um projeto ligado inclusive a uma instituição de poder.

Há muitos debates, Marcelo, se na Índia, por exemplo, chega a existir um hinduísmo, ou se "hinduísmo" é o nome que os ingleses criaram para uma miríade de deuses que eles não conseguiam entender e reuniram em um grande conjunto que era mais fácil de entender como crenças dos hindus. Assim como um marciano olharia para a crença na Europa de hoje e talvez a chamasse de monoteísmo, porque na Europa temos protestantes, católicos e islâmicos — todos monoteístas. Ele então poderia concluir que "os europeus são monoteístas", que a religião dos europeus é o monoteísmo.

A classificação da fé, portanto, depende um pouco da distância da lupa, da intensidade da lente que você aplica.

O normal, como erro metodológico, é, por exemplo, considerar o choque entre conservadores de extrema direita, inimigos da vacina, contrários às pesquisas dos laboratórios e pesquisas sobre vacina, e aplicar o que ocorreu com Galileu no início do século XVII. Isso é evidentemente um equívoco. É por isso que, em história, chamamos de fenomenologia quando equivocadamente se usa um conceito transversal e se ignora a especificidade de cada momento. A fenomenologia nega parte da história.

SOBRE A CIÊNCIA E A RELIGIÃO

É certo considerar como nepotismo que o rei dom João V de Portugal, no século XVIII, tenha indicado seu primo para um cargo? Não! Não havia concurso público; logo, o nepotismo não existia, apesar da expressão. Quer dizer, não existe um nepotismo no sentido de uma crítica ao rei por ter indicado um parente; é esperado que ele faça isso. A concepção de um Estado transparente visando ao bem público é muito posterior a Portugal do início de 1700. E é comum fazermos esse tipo de anacronismo fenomenológico.

Mas se eu considerar aqueles que se dedicam à área que nós chamaríamos "deuses da vida após a morte", dos "seres supra-humanos", e daqueles que se dedicam à observação da natureza, suas leis e aplicações práticas, que é uma possibilidade de enfoque científico, então existe de fato um choque.

Vale lembrar que, entre outros motivos, Sócrates foi condenado ao suicídio porque duvidava dos deuses de Atenas e pervertia os homens com suas ideias inovadoras. Apesar de ter composto hinos religiosos (na prática, seus únicos textos), Sócrates foi acusado de impiedade. E seu processo é uma amostra de que nós não precisamos esperar pela Inquisição, ou pelo autoritarismo de uma instituição, para evidenciar esse choque.

O que nos interessa diretamente é que a cultura formal de livros manuscritos e de universidades era praticamente monopólio da Igreja no Ocidente europeu. E a partir das reformas da imprensa, da ascensão da vida urbana e do Estado Nacional, esse monopólio passa a ser desafiado.

De fato, se nós considerarmos as grandes vítimas da Inquisição, desde a sua criação no século XIII, quase todas, inicialmente, foram pessoas que formularam heresias teológicas. Ou seja, disseram algo com o que a Igreja não concordava. A partir dos séculos XVI e XVII, aparecem outros fenômenos. Por exemplo, com a ciência do Renascimento (Galileu

Galilei), emerge a questão de uma concepção nova tanto de universo quanto de astronomia.

A partir daí, o choque é entre o monopólio de quem pode definir o que o mundo é. E aquela velha questão de Santo Anselmo, *credo ut intelligam* — eu creio para entender —, se sobrepõe à versão tradicional do cristianismo primitivo, *credo quia absurdum* — eu creio porque é absurdo. Já a ideia de que posso decifrar o universo, a ideia cujo ponto talvez seja o século XVII para o XVIII, com Newton, de submeter tudo que vejo a regras universais, verificáveis e matemáticas, é uma questão absolutamente contemporânea. (Vou considerar Newton um homem contemporâneo, apesar de ser do final da Idade Moderna.)

A partir de então, especialmente nos séculos XVIII e XIX, o choque é com o poder da Igreja e com o *Índex de livros proibidos*, que vai existir até o século XX, e com o Tribunal da Inquisição, que vai mudar de nome, virando Sagrada Congregação para a Doutrina da Fé, e assim por diante.

E, de novo, ecos dessa permanência complexa persistem até hoje. Um mundo que é incompreensível, regido por Deus, no qual as coisas podem ser resolvidas também por meios não científicos, como a oração, e está em conflito com um mundo científico objetivo, prático, verificável, empírico, com regras.

Tudo que digo aqui tem exceções, de modo que eu diria que hoje, para encerrar uma resposta que poderia durar seis horas, nós vivemos o "refluxo" do avanço iluminista. Ou seja, a primeira modernidade e a sua razão; a segunda modernidade e as suas dúvidas sobre a razão, mas ainda assim racionais; o mundo líquido do sociólogo polonês Zygmunt Bauman, o mundo pós-moderno do fim do século XX; o mundo VUCA (volatilidade, incerteza, complexidade, ambiguidade); e o mundo BANI ("frágil", do inglês *brittle* — ansioso, não linear, ininteligível) — pegando os acrósticos consagrados nos Estados Uni-

SOBRE A CIÊNCIA E A RELIGIÃO

dos, VUCA primeiro e BANI em abril de 2022, na Califórnia. E esse mundo, frágil, incompreensível, é um refluxo da vontade universal newtoniana, de que eu tenha uma explicação geral.

E, nesse mundo de incertezas, de mundos líquidos, a religião continua sendo o refúgio absoluto, pois tem explicação para tudo. Um exemplo: por que morre alguém jovem e feliz? Tudo tem explicação na lógica religiosa, e ela é muito confortante. Por isso Keith Thomas, o antropólogo e historiador inglês, no livro *Religião e declínio da magia*, profetiza que o choque entre religião e ciência tende à permanência da religião, porque ela dá explicações sobre a nossa imortalidade, o que atende tanto aos nossos desejos e anseios de um modo que é muito difícil que a ciência concorra. Se eu tenho câncer, faço quimioterapia, luto contra o tumor e rezo. E, se a cura vem, não agradeço à Marie Curie e à radioatividade, mas a Deus.

Portanto, as pessoas colocam a causalidade nas regras científicas, algo novo e ainda frágil para muita gente.

MG: Como você bem mencionou, poderíamos passar dias falando sobre essa questão, mas, se não temos essa disponibilidade, podemos, se não passar dias, ao menos nos aprofundar um pouco em alguns pontos.

Muito do embate entre ciência e religião vem da nossa perplexidade com relação à nossa existência, à questão da origem do mundo, de onde viemos e se existe algum propósito maior nisso. Uma das questões mais profundas e mais difíceis de serem abordadas na filosofia, talvez a mais difícil, é a da primeira causa. Ela aparece e reaparece de várias formas, em vários textos religiosos, questionando o porquê de o mundo existir. Se tudo segue uma relação causal em que uma causa gera um efeito, como surgiu a primeira causa, a que não teve uma causa que a antecede, a única causa que não é causada?

A HUMANIDADE EM BUSCA DE SI

Todas as religiões — ou quase todas — oferecem uma explicação sobrenatural para a origem de todas as coisas, no sentido de que vai além das leis da natureza, que depende de entidades que não estão sujeitas às mesmas limitações espaçotemporais que nós, seres humanos. Nossa existência é confinada a uma determinada região do espaço — não somos onipresentes — e limitada a certo período do tempo — não somos imortais.

Portanto, as entidades que são responsáveis pela criação do mundo necessariamente têm que existir além dos confins dessa criação. Apenas um ser que transcende o espaço e o tempo pode criar algo confinado no espaço e no tempo. Com isso, as religiões propõem entidades absolutas — sejam elas um Deus, dois deuses, uma deusa, muitos deuses, e até nenhum deus — responsáveis pela criação. Os maoris da Nova Zelândia, por exemplo, têm um canto de criação que afirma que "do nada vem a necessidade de existir". Ou seja, a criação não tem um ser ativamente responsável por ela, não vem de uma intervenção divina, mas de uma urgência de ser que é incompreensível, uma nucleação cósmica espontânea.

Todas essas explicações religiosas, míticas, necessariamente ultrapassam a legislação da ciência. E quando os primeiros filósofos da Grécia Antiga, os chamados pré-socráticos, começam a tentar entender a natureza de forma mais mecânica, mais racional, com Platão e Aristóteles, não demora a ocorrer uma recaída, em que esses dois invocam os deuses de volta — Platão com seu Demiurgo e Aristóteles com seu Movedor Imóvel —, retornando à ideia, embora com sutilezas e refinamentos teóricos, de que há uma divindade essencialmente responsável, devido à sua bondade infinita, pela criação de tudo.

Na Grécia, a questão da primeira causa continuava sendo um problema fundamental da metafísica. E é por isso que a Igreja adora Aristóteles. Ela adota sua proposta de uma verticalidade na organização

SOBRE A CIÊNCIA E A RELIGIÃO

do mundo, em que a Terra é o centro do cosmo, imóvel e composta pelos quatro elementos, terra, água, ar e fogo. Todas as transformações materiais que observamos são relegadas ao nosso planeta e a sua atmosfera. Da Lua em diante, incluindo os planetas e as estrelas, nada muda. Os objetos celestes são feitos de uma quinta essência, o éter, uma substância eterna, perfeita e imutável. Nesse cosmo em forma de cebola, com suas esferas concêntricas que carregam e suportam os astros celestes, a esfera mais externa é a *Primum Mobile*, o "primeiro movimento", justamente a esfera que dá o ímpeto inicial a todos os movimentos, de fora para dentro, a mecanização da primeira causa. E, para além dessa esfera, a Igreja adiciona o *Imperium*, a morada de Deus e dos Eleitos.

Dante representa essa estrutura vertical de forma belíssima no seu poema *A divina comédia*. Aliás, é importante frisar que, nessa estrutura vertical, o centro do universo medieval era o Diabo, existindo lá no inferno, no centro da Terra, bem mais perto da superfície da Terra do que Deus lá no alto. (Evidentemente, fica muito mais fácil as pessoas caírem em tentação aqui e descerem para o inferno do que ascenderem em graça para os céus.) O ponto é que, nessa transição entre deuses, Santo Agostinho, no século IV, condena os esforços anteriores dos filósofos naturais de tentar entender o mundo com a razão, argumentando que a única forma de construir conhecimento é através da contemplação do divino.

E isso continuou durante a Idade Média, até que em Oxford, no século XIV — no Barton College —, um grupo de franciscanos, se não me engano, começa mais uma vez a contemplar a possibilidade de que o movimento pode ser descrito de forma matemática e racional. São eles que propõem o conceito de velocidade pela primeira vez. E esses primeiros passos dos bartonianos em direção a uma física moderna vão influenciar, no século XVI, Copérnico e Giordano Bruno, e, mais tarde, na virada para o século XVII, Galileu.

A HUMANIDADE EM BUSCA DE SI

Queria falar um pouco aqui sobre Copérnico, uma personagem fantástica na história da ciência. Enquanto trabalhava como cânone da Igreja, uma espécie de contador da arquidiocese, ficou fascinado com a possibilidade de usar, como você mencionou, a matemática, os modelos matemáticos, para descrever ou mesmo prever os movimentos dos objetos celestes. Nisso, seguiu a inspiração de Platão e de Ptolomeu, que diziam que a astronomia era um portal para se decifrar a mente divina, que certamente usou a geometria para arquitetar o cosmo. Copérnico se encantou com o empoderamento (*empowerment*, em inglês) que a astronomia e a matemática ofereciam à razão humana, de poder desvendar como funcionam os céus ou prever quando vai ocorrer o próximo eclipse total do Sol. Essencialmente, era o maravilhamento de se conectar com o divino através da contemplação racional dos céus.

Coincidentemente, em 1500, ano importante aqui no Brasil, Copérnico foi estudar Medicina na Itália. Chegando a Roma, trabalhou como assistente de um astrônomo que demonstrou em praça pública como visualizar um eclipse total do Sol. Para tal, usou uma tela com um orifício e projetou a sombra da Lua "consumindo" o Sol aos poucos sobre um fundo branco, para assombro do público presente.

Temos aqui um exemplo incrível de divulgação científica em 1500 na Itália: um astrônomo e seu jovem assistente ilustrando em praça pública que era possível prever o movimento dos céus. A ciência, ao se desenvolver, foi tirando os deuses dos céus, substituindo-os pela razão. Aos poucos, as pessoas vão se liberando da servidão ideológica imposta sobre elas por uma Igreja conservadora e inflexível.

O jovem Copérnico retornou da Itália treinado para ser médico ou legislador, mas estava apaixonado pela astronomia. Quando finalmente publicou sua obra-prima, em 1543, *Das revoluções das esferas celestes* (*De revolutionibus orbium coelestium*), dedicou o livro

SOBRE A CIÊNCIA E A RELIGIÃO

ao papa. Na época — é muito importante lembrar disso —, temos a Reforma, em que o protestantismo ameaça a hegemonia da Igreja católica. Mesmo assim, a Igreja não tinha uma posição oficial com relação à organização dos céus — se a Terra ou o Sol era o centro do cosmo. Todos acreditavam que a Terra era o centro de tudo, algo não sancionado como posição oficial da Igreja.

A publicação do livro ficou a cargo de Georg Rheticus, o único aluno que Copérnico teve em toda a sua vida. Como era de praxe na época, Rheticus foi para Nuremberg para acompanhar a edição e publicação do livro. Só que, durante o longo processo, ele foi acusado de ser homossexual e acabou sendo expulso da cidade. No desespero de ter o livro de seu mestre publicado, Rheticus deixou o manuscrito aos cuidados do teólogo luterano Andreas Osiander, com quem Copérnico havia trocado cartas não muito amigáveis (Osiander criticou a visão heliocêntrica de Copérnico). Sem falar nada para Copérnico, que havia sofrido um derrame, Osiander adicionou um prefácio anônimo ao livro, dizendo que as ideias contidas ali — ou seja, que o Sol é o centro do cosmo, que todos os planetas giram em torno do Sol, que a Terra gira em torno do seu próprio eixo, que a Lua é um satélite da Terra — eram invenções, meros modelos matemáticos criados apenas para aumentar a precisão da astronomia, que não tinham nada a ver com o arranjo real dos céus. Para completar, Osiander também acrescentou que se alguém acreditasse naquelas ideias sairia de sua leitura mais ignorante do que quando começou.

Segundo a lenda, quando Copérnico recebeu a edição final da obra que resume o trabalho de sua vida e se deparou com esse prefácio, morreu de desgosto no mesmo dia.

O que quase ninguém sabe é que pouquíssimos intelectuais da época leram o livro de Copérnico. Pouquíssimos mesmo. A chamada "revolução copernicana" ocorreu mais de seis décadas após a morte de Copérnico. O americano Owen Gingerich, historiador da ciência, num trabalho incrível de detetive, retraçou os caminhos de todos os exemplares ainda existentes da edição original do livro de Copérnico — olha que sensacional — e mostrou que pouquíssimas pessoas leram o livro ou prestaram atenção ao que a obra divulgava. Mas nesse grupo muito especial de leitores estavam nada menos que Giordano Bruno, Johannes Kepler e Galileu Galilei.

As ideias de Copérnico tiveram um impacto imenso no pensamento de Giordano Bruno. Em torno de 1570, quando visitava a Universidade de Oxford, Bruno sugeriu que as estrelas não são pontos de luz feitos de éter, como Aristóteles e seus seguidores acreditaram por mais de 2 mil anos. Segundo Bruno, estrelas são outros sóis com mundos girando ao seu redor, tal como o nosso Sol tem os seus planetas, e que, tal como a Terra, esses outros mundos são habitados por seres vivos, provavelmente humanos. Bruno continua, sugerindo que esses outros seres, sendo pecadores, precisariam também de um redentor, o que levanta várias questões teológicas sobre sua natureza: Será que o Jesus deles é o mesmo que o nosso? Será que Deus criou outras formas de vida? Por qual motivo? Para complicar, Bruno também fez muitas asserções consideradas extremamente heréticas, dizendo que Maria não era virgem ou que a Santíssima Trindade não fazia sentido.

A Igreja não gostou nada das provocações de Bruno, especialmente sobre Maria e a Santíssima Trindade. Após longo julgamento pela Inquisição, em 1600 Bruno foi considerado herege e queimado na praça Campo de' Fiori, em Roma, onde hoje se encontra uma estátua sua.

Foi Galileu que forçou uma tomada de posição oficial da Igreja com relação ao copernicanismo. Em 1609, publica seu livro *O mensageiro das estrelas*, em que descreve as fantásticas descobertas que fez com seu telescópio, mostrando que a Lua tinha crateras, que havia luas girando em torno de Júpiter, que Saturno tinha "orelhas" porque seu instrumento

SOBRE A CIÊNCIA E A RELIGIÃO

não conseguia resolver os anéis. Mas nesse primeiro livro — o único que escreve em latim, não em italiano — Galileu não toca muito no arranjo copernicano, pois sabia que suas observações eram apenas evidências circunstanciais. Certamente, suas observações iam contra a visão de mundo de Aristóteles, mas não totalmente, ainda apoiando exclusivamente o heliocentrismo de Copérnico. Galileu, muito astutamente, começou a dizer a outros astrônomos e membros da Igreja que teria em breve a prova final. Essa prova, aliás, era uma explicação errada da teoria das marés, sobre como as marés são causadas.

Em 1616, depois de muitas desavenças com a Igreja, principalmente com os jesuítas, Galileu foi convocado pelo cardeal Belarmino, que dirigia a Inquisição do Vaticano, para discutir as ideias de Copérnico. Belarmino, muito esperto, disse a Galileu: "Enquanto não houver uma prova definitiva de que o Sol é o centro, queremos que você se cale sobre Copérnico e suas ideias."

Após esse encontro, o livro de Copérnico é "corrigido" e posto no *Índex dos livros proibidos*. Na verdade, apenas duas ou três partes do livro são riscadas — quando Copérnico afirma que a Terra também é uma estrela girando. Apesar de o livro poder ser lido com essas sanções, o resultado do encontro entre Belarmino e Galileu foi um posicionamento anticopernicano da Igreja em 1616.

Só em 1633 — 24 anos após Kepler ter descoberto as leis do movimento planetário usando o sistema heliocêntrico — é que ocorre o embate final entre Galileu e a Inquisição. Ele não é torturado, nem morto, nem aprisionado num calabouço, mas condenado à prisão domiciliar e forçado a renunciar sua visão copernicana.

A influência de Galileu foi tão grande que a Igreja finalmente se pronunciou contra o copernicanismo. Numa época em que a autoridade da Igreja estava ameaçada pela Reforma, não seria um astrônomo, por mais brilhante que fosse, que desafiaria o poder do Vaticano.

A HUMANIDADE EM BUSCA DE SI

Na verdade, a primeira crítica contra Copérnico e suas ideias veio de Martinho Lutero, que afirmou que "esse astrólogo tolo vem dizendo que a Terra gira em torno do Sol como um carrossel". Só a partir de 1616 foi que a Igreja católica começou a se posicionar oficialmente contra esse sistema.

LK: Sua resposta, Marcelo, é muito boa porque traz nuances. Por exemplo, nuances para acabar com esse maniqueísmo, que de um lado nós temos só cardeais obscuros e obscurantistas contra as luzes da iluminação. Giordano Bruno, queimado — como você lembrou — no Campo de' Fiori, uma praça sem uma igreja, a propósito, algo raro em Roma, e que serve de palco, até hoje, para celebrar o Dia do Pensamento Livre. Giordano Bruno foi muito mais um ocultista, adepto da arte da memória, do que um astrônomo — só que, claro, suas afirmações desafiavam a doutrina oficial da Igreja.

É possível que a condenação de Galileu se deva também à sua posição sobre a eucaristia, com certos traços de pensamento protestante. Os protestantes, como você lembrou, não apenas Lutero — agostiniano como Copérnico —, condenaram Galileu, e na Suíça também queimaram um cientista por heresia, Miguel Servet. Os protestantes pediram desculpas mais cedo do que a Igreja católica. Eles se arrependeram mais cedo, a Igreja católica esperou um pouco mais, até o século XX, para se desculpar pelo processo contra Galileu. E ainda assim, a desculpa incluiu também citar os erros dele.

Mas tudo isso tira essa ideia de que nós temos, de um lado, a luz da razão, do outro, as trevas da Igreja.

Newton, nosso grande revolucionário, também um homem de fé, um homem religioso, termina seus dias ainda mais dedicado à Bíblia, e numa época em que a astronomia e a astrologia ainda tinham diálogos muito intensos, quando essa ruptura não era clara. Os papas e reis

SOBRE A CIÊNCIA E A RELIGIÃO

tinham astrólogos. E a astrologia e os signos são representados nas igrejas, como aqui em São Paulo, no Mosteiro de São Bento. Na entrada do colégio existem signos do zodíaco, significando que Jesus é o Senhor do universo. E os signos do zodíaco estão lá como uma leitura religiosa, apesar de a Igreja depois condenar astrólogos como magos.

Eu citei Keith Thomas, autor de *Religião e o declínio da magia*, que ilustra como esse universo vai se transformando. Nós temos muitas explicações em história de como a sociedade foi abandonando explicações mágicas. Robert Mandrou, no seu *Magistrados e feiticeiros na França do século XVII*, acredita que esse ceticismo atingiu primeiro os juízes e muito posteriormente os outros setores.

Às vezes, crenças mágicas vão sendo substituídas. Por exemplo, a perseguição às bruxas no Império Austro-Húngaro diminui na Idade Moderna, mas começa então a perseguição a lobisomens. Ou seja, as crenças vão sendo substituídas de várias formas.

MG: Mas não desaparecem...

LK: É curioso que em um dos livros que li recentemente, *A última superstição: uma refutação ao neoateísmo*, seu autor, o apologista religioso Edward Feser, argumenta que a negação da causa primeira, da rede de causalidade — que você identificou tão corretamente em Aristóteles — é uma forma de superstição. Você *imagina* que tem uma causa não causada, ou seja, que tem de regredir até ela.

É claro que os nossos militantes do campo do ateísmo, Christopher Hitchens e Richard Dawkins, ou então os cientistas e escritores, ateus históricos, Charles Dickens, Isaac Asimov e José Saramago, acabam trazendo à tona o fato de que o religioso estabelece como princípio que não pode haver uma causa não causada. E aí ele cria Deus, que é a causa não causada e retrocede um degrau no jogo.

A HUMANIDADE EM BUSCA DE SI

Outro argumento muito comum nos ateus é que você é sempre ateu com os deuses dos outros. Você, que é cristão, é ateu para 1,4 bilhão de islâmicos; é ateu para 1 bilhão de hindus; é ateu para cerca de 15 milhões de judeus. Ou seja, você apenas desloca a sua crença para um Deus e nega todos os outros. Ou condena todos os outros como falsos e o seu como o único verdadeiro.

Mas esse debate volta, porque o fundamentalismo anda sempre em diálogo com o niilismo. À medida que se anuncia, no século XIX com Nietzsche e depois, no século XX, que "Deus está morto", vai se trabalhando muito com o esvaziamento do sentido de história, da ideia de progresso, de todos esses códigos tradicionais, que são substituídos por contra-afirmações ainda mais fortes, como ocorreu na crise do feudalismo, quando os senhores feudais passam a exigir ainda mais dos servos.

Como metáfora, temos hoje a ascensão de fundamentalismos porque, naturalmente, é muito difícil conviver com as nossas próprias perguntas inventadas, como se fizessem sentido. Como resposta, inventou-se um sentido absoluto, onipotente, e que acima de tudo cuida sempre de mim e dá direção a todas as coisas.

Eu concordaria com o título do livro *A última superstição* porque acho também que a religião nasce de uma vontade de super-racionalidade, por um caminho distinto do método científico. Ou seja, não admito nenhum vazio. E a ciência convive com vazios, lapsos, rupturas e pontos obscuros. A ciência propõe modelos que não consegue sequer demonstrar imediatamente. O modelo do átomo, por exemplo, talvez ilustre isso; ou intui-se sobre o que venha a ser um buraco negro muito antes de ser de fato descoberto.

A ciência lança modelos explicativos, às vezes, sem uma base empírica absoluta, que com o tempo são derrubados ou confirmados, como no caso do eclipse do Sol em Sobral, no Ceará, e a nova teoria

SOBRE A CIÊNCIA E A RELIGIÃO

da gravidade de Einstein que expande a de Newton. Você junta duas coisas e diz: "Ah, enfim, você estava certo."

Ou mais recentemente também, com novos dados sobre a questão dos buracos negros. É provável que, se uma sonda se aproximar de um buraco negro, tenhamos novos dados que podem ainda comprovar o que sabemos, ou que podem naturalmente destruir tudo. Sempre lembro que a gente passou anos e anos olhando as luas de Júpiter, um número pequeno, e, de repente, uma sonda passa do lado e esse número deve crescer mais. Já não sei mais de cor quais eram as luas, como sabia no ensino fundamental: Io, Ganimedes, Europa...

MG: São agora mais de 75 luas. Mas, antes de prosseguir, há um ponto essencial sobre o desenvolvimento das teorias científicas. Elas precisam falhar para que possam ser suplantadas por outras melhores, no sentido de que têm maior poder explicativo. Isso ocorreu entre a gravidade de Newton e a teoria geral da relatividade de Einstein. E, claro, à medida que nossos instrumentos se tornam mais poderosos e precisos, podemos aprimorar nossa visão da natureza, como foi o caso com as luas de Júpiter e será, um dia, quando enviarmos uma sonda até um buraco negro. Infelizmente, isso não ocorrerá por muitos e muitos anos. É mais fácil enviar mais sondas até Jupiter para explorar suas incríveis luas.

LK: Exatamente. E no dia em que uma sonda se aproximar ainda mais das luas de Júpiter, esse número deve crescer mais. O que nos faz pensar no nosso planeta como sendo um planeta pobre, porque tem só uma lua, enquanto até Marte tem duas. E nós temos só uma luazinha.

MG: Nossa Lua é importantíssima, porque é grande. Sem ela, a vida aqui seria inviável. Nem sempre mais é melhor... na astronomia e na vida.

LK: É, e não teria muita poesia num mundo sem a Lua.

E tem o paradoxo do bule, que Bertrand Russell menciona. Quem é que deve demonstrar essas coisas?

MG: Você está falando da proposição de que é impossível provar que não existe um bule de chá girando em torno da Terra?

LK: Sim, e quem é que deve demonstrar essas coisas?

Eu, curiosamente, como não religioso, não gosto da palavra "ateu", porque ela me define pela negação. Ela é válida? É. Como dizer que Leandro é não japonês. É válido, eu sou um não japonês. Mas dizer que eu sou não japonês me diz pouco, ou diz a partir de você. Então não me defino como ateu porque minha vida não se orienta a negar Deus. Também sou um não papainoelístico, um não Caipora, um não Anhangá. Eu sou uma série de nãos, definida por uma série de coisas. Não gosto da palavra "ateu" porque ela representa uma falta que é dos religiosos, não minha.

É muito curioso como as pessoas insistem em me perguntar se sou ateu. Eu digo: "Sim, como eu sou não mongol, como eu sou não cabeludo." Quer dizer, isso não me define, apenas mostra a falta que faz a você, porque geralmente a classificação é dada pelo emissor da classificação, não pelo objeto classificado. O católico praticante que não acredita em Lord Krishna é um ateu para milhões de pessoas.

MG: Você faz uma distinção entre ateísmo e agnosticismo?

LK: Eu faço a distinção que se faz, e que muitos filósofos consideram. O agnosticismo seria mais científico, porque é verdade que tanto não tenho evidências da existência de um Deus — a não ser que compartilhe das cinco provas de Santo Tomás, ou do argumento ontológico

SOBRE A CIÊNCIA E A RELIGIÃO

de Santo Anselmo — como também não tenho evidências da não existência.

Seria científico dizer o mesmo que eu diria com relação à existência de vida em Caronte, a lua do ex-planeta Plutão. Existe vida em Caronte? Bom, eu não tenho nenhum dado para poder analisar Caronte. E, se não tenho nenhum dado, não posso afirmar nada. No dia em que a gente for lá verificar se há algum tipo de vida, que certamente não é muito dependente de luz ou calor, aí a situação muda completamente. Pode existir vida em uma estrela como o Sol, como nós entendemos a vida hoje? Não tenho como determinar isso. Teria que quebrar o conceito de vida como eu a concebo.

Então, o agnosticismo seria mais científico. Mas é claro que esse argumento vale também para duendes, gnomos, elfos, fadas. Ou seja, não tenho como provar que fadas não existem...

Eu sempre defendo, e gosto muito desse diálogo, que a fé não deveria tomar emprestado da ciência a vontade de comprovação. Isso porque o espaço que a religião ocupa é um espaço de convicção pessoal.

Acho ruins as pesquisas que desejam demonstrar que parte do cérebro estaria ligada a Deus, ou quais são as partes ativadas pela oração, ou como uma pessoa religiosa vence tumores mais facilmente. Quando se tenta submeter a religião ao microscópio, vemos que, de fato, a ciência não explica tudo, obviamente; mas à medida que começa a explicar, a explicação científica vai suplantando aquela explicação anterior. Ninguém mais olha para um raio e pensa que Zeus está no Olimpo punindo os homens. Pelo menos não desde Benjamin Franklin...

Ou seja, não é bom para a ciência nem para a religião que uma tome emprestado o método da outra. Por isso respeito muito a crença das pessoas que afirmam:

"Eu tenho um Deus que me criou, que me deu uma alma imortal, me deu intelecto, razão, que dirige a minha vida."

"E como demonstra isso?", você pode perguntar.

"Eu sinto internamente."

Esse argumento subjetivo pessoal eu respeito.

Mas não respeito quando alguém diz algo do tipo: "Como você pode não acreditar em Deus? Veja as flores!" Eu vejo as flores, os terremotos, o câncer em crianças, eu vejo Auschwitz. Vejo uma série de coisas no mundo, e posso selecionar só as que eu gosto, mas há flores venenosas. Em Londres, conheci uma planta da Indonésia, chamada flor-cadáver, que quando desabrocha tem um cheiro tão pútrido que é impossível ficar perto, você fica nauseado. Essa é uma flor também; aliás, a maior que eu conheço.

MG: Nós temos uma dessas aqui no jardim botânico da universidade. A natureza não se presta a agradar nosso senso estético. Nós é que buscamos a beleza nela, em geral aliada ao que nos ajuda a sobreviver como espécie.

LK: Pois é. E quando floresce, a tal flor-cadáver é uma coisa insuportável. De novo, é um critério antropocêntrico, seleciono o que é positivo na criação e ignoro que há plantas lindas que são carnívoras, que atraem insetos com enganos e depois os digerem lentamente.

A natureza não é boa ou má; ela não é fruto, me parece, de uma mente positiva. A natureza é salto, desastre. E antes da atual extinção da vida, pela qual a maior parte da humanidade está se empenhando, houve outras extinções quando não havia humanidade.

É tudo harmônico, os grandes choques cósmicos, as destruições da vida? Esses espasmos de harmonia celestial em meio ao caos são sempre leituras antropológicas. Quando falo de harmonia das esferas, uma expressão tão cara na astronomia antiga, ela também vai incluir imensos choques, explosões, supernovas lindas de serem observadas — de longe, bem de longe.

SOBRE A CIÊNCIA E A RELIGIÃO

MG: É fundamental essa sua colocação.

Isso que você mencionou, da natureza da fé, me faz lembrar de uma conversa semelhante que tive com frei Beto, registrada num livro como este nosso. Ele dizia algo como: "Quem aposta a sua fé na realização concreta de alguma coisa factual está condenado a viver em crise." A fé é justamente a convicção sem a necessidade de uma validação empírica. Nesse sentido, a fé é exatamente o oposto da ciência. A ciência pode especular sobre a existência de algo, como uma partícula ou algum tipo de estrela ou buraco negro, mas só aceitará essa especulação como parte da realidade após ter sido confirmada por experimentos ou observações. A verdade, na ciência, vem do consenso da comunidade científica, não por uma fé subjetiva.

Se existe um antagonismo — se é que podemos chamar as diferenças entre ciência e fé de antagonismo — é que a fé é a convicção da existência de algo sem que seja necessária qualquer prova concreta. No caso da ciência, você pode acreditar na existência de alguma coisa, mas essa crença só é reivindicada se houver eventualmente uma validação empírica. Portanto, a ciência e a fé são dois modos profundamente diferentes de se olhar para a realidade, mas que se complementam na subjetividade de cada um. O ser humano, na sua complexidade, que mistura emoções e razão, precisa de ambas. Inclusive os ateus e agnósticos.

Por isso perguntei o que você pensa sobre ateísmo e agnosticismo. Há um tempo, escrevi alguns ensaios sobre a incompatibilidade do chamado "novo ateísmo", do ateísmo radical de Dawkins e Hitchens com o método científico. Digo que existe uma incompatibilidade entre ciência e ateísmo radical porque, na ótica da ciência, qualquer negação normativa afirmando que "X não existe, ponto final" precisa de um suporte empírico. Por exemplo, posso afirmar com convicção que não existe outra lua girando em torno da Terra. Se existisse, teria sido descoberta, pois sua massa afetaria nossas marés e órbita. Mas no caso de "X = Deus" ou outras divindades ou seres mágicos, como você bem disse, a não existência não pode ser verificada empiricamente. A ciência determina muito melhor o que existe — o que podemos observar — do que o que não pode existir. Sabe-se lá o que se esconde nas sombras da nossa ignorância.

Portanto, essa convicção do ateu radical na não existência de Deus é um ato de fé: o crer no não crer. Ela vem, obviamente, de uma convicção intuitiva, e certamente não de uma convicção baseada numa evidência empírica.

É por isso que quando me perguntam sobre isso me proclamo agnóstico, em vez de afirmar que sou ateu com aquela superioridade do racionalismo. Não me identifico com uma negação normativa que é absoluta, dogmática. Irônico isso, visto que os ateus radicais criticam o dogmatismo das religiões organizadas. É óbvio que em termos da existência de divindades, de duendes, de fadas, de seres sobrenaturais etc. sou profundamente cético. Não vejo razão para acreditar neles — e digo isso com um pouco de desapontamento. No entanto, tenho a humildade de entender os limites do meu conhecimento sobre o universo, de aceitar os limites da nossa compreensão do mistério que nos cerca. Como dizia meu pai, *"non creo en las brujas, pero que las hay, las hay"*.

Voltando ao paradoxo humano do embate entre a fé e a razão que ocorre dentro de cada um de nós, queria mencionar de novo Isaac Newton, que o grande economista e intelectual inglês John Maynard Keynes afirmou ser "o último dos magos". Por que "mago"? Afinal, Newton desenvolveu toda uma nova ciência descrevendo quantitativamente a natureza, as leis do movimento, a teoria da gravitação universal, a teoria da óptica, o cálculo diferencial e integral, considerados alguns dos maiores feitos intelectuais da história. O que poucos sabem é que Newton dedicou muito mais tempo ao es-

SOBRE A CIÊNCIA E A RELIGIÃO

tudo e prática da alquimia e da cronografia bíblica, o uso da ciência para datar eventos bíblicos.

Há uma obra póstuma de Newton que pouca gente conhece, em que tenta explicar grandes eventos bíblicos — o Dilúvio, a destruição de Sodoma e Gomorra, o nascimento de Jesus — como fenômenos naturais. Uma ideia que, bem mais tarde, foi ressuscitada com grande sucesso popular por Immanuel Velikovsky. Você se lembra dele? Meu pai, que era um místico às escondidas, era um grande fã. Saía pelas ruas de Copacabana em direção ao seu consultório dental com um dente de alho no bolso, e sempre tinha um pé de arruda em casa, contra um eventual mau-olhado. Quando eu era criança, ele me deu uma cópia do livro de Velikovsky *Mundos em colisão*, publicado em 1950. Nele, Velikovsky tenta explicar, por exemplo, as pragas do Egito. A água, que fica vermelha como sangue, Velikovsky associa à passagem de um cometa pela Terra que tinha uma composição metálica, e esse ferro da cauda então se oxida e tinge as águas do Egito. Mas cometas não são ricos em metais...

A lição é que, quando se tenta explicar narrativas religiosas através da ciência, a crise entre as duas se agrava ainda mais. O que ocorreu no Iluminismo — hoje ando fazendo uma campanha meio pós-iluminista, vamos dizer assim — foi que a materialidade que a ciência trouxe para o mundo, a mecanização da existência humana, ameaçou o livre-arbítrio, visto que, se o universo é um grande mecanismo, a nossa liberdade de escolha desaparece. A consequência disso foi um esvaziamento profundo da dimensão espiritual das pessoas.

A interpretação popular é de que a ciência tirou Deus das pessoas em troca de uma visão fria, mecanicista, baseada em causa e efeito, onde o mistério da existência desaparece ou pode desaparecer. "Mas e o amor?", você protesta. Muitos psicólogos hoje explicam o amor como uma emoção que dá uma vantagem evolutiva para nossos

A HUMANIDADE EM BUSCA DE SI

ancestrais que, claro, persiste até hoje. Os que se amam se ajudam e se protegem, desde laços familiares até o sentimento de pertencer a uma tribo. Isso diz a ciência em sua linguagem. Mas esse tipo de explicação pragmática diz muito pouco sobre o amor, sobre o que significa subjetivamente amar alguém. Medir o fluxo de hormônios e neurotransmissores no cérebro de alguém apaixonado não diz nada sobre como aquela pessoa se sente.

Esse esvaziamento do mistério de quem nós somos é um dos grandes problemas da crise que vemos entre ciência e religião, consequência de um excesso de racionalismo nem sempre justificado. Essa volta que você mencionou ao fundamentalismo, a explicações mágicas, como na Nova Era, com seus cristais energéticos e curas quânticas, e um monte de outras práticas pseudocientíficas, representa para mim a necessidade profunda que o ser humano tem de se conectar de alguma forma com o mistério.

O conflito — e isso é importante — que aparece na percepção das diferenças entre a ciência e a religião vem do fato de que muitas pessoas não entendem que a ciência é um grande flerte com o mistério. Esta é sua motivação principal: desvendar, ou descrever, ao menos, os mistérios da existência, tanto os que existem lá fora na natureza quanto os que existem dentro de nós. Foi isso que levou Newton, Einstein e tantos outros a dedicarem suas vidas ao estudo dos fenômenos naturais. Temos uma curiosidade insaciável de entender quem somos.

Quando vemos a ciência e a religião dessa forma, entendemos que são veículos diferentes de engajamento com o paradoxo da existência. Dentro dessa visão, as duas se aproximam como processos complementares da nossa relação com o desconhecido.

LK: Não sei se isso talvez seja correto, mas identifico em você uma maior inclinação à ideia de mistério, ou uma maior melancolia pelo

SOBRE A CIÊNCIA E A RELIGIÃO

vazio da não teologia do universo. Não sei como descrever isso. Talvez porque você seja, de fato, um cientista de uma área distinta da minha e tenha avançado mais nesse campo do método científico. A história tem alguns mecanismos um pouco menos objetivos do que outras áreas como matemática, física ou astronomia. Há inclusive quem duvide que a história seja ciência.

Mas parece que quando você diz "flerte com o mistério", existe quase que uma poesia nesse mistério, aquele desejo de abismos, algo assim. E se você diz, com razão, que a humanidade flerta com o mistério, dá para fazer uma história da humanidade através da ideia do desconhecido e, também, pelo flerte com a violência, com a destruição, com o genocídio, com o racismo, com a misoginia, com a homofobia. Vejo a humanidade como sendo muito neutra moralmente, fazendo aquilo que classificamos como bem ou mal.

Tenho poucas perguntas metafísicas ao mundo. Ao observar uma planta bonita — e gosto muito de plantas —, não quero saber se ela foi criada por Deus ou se é monocotiledônea ou dicotiledônea, aerógama ou não; não é o que me interessa exatamente naquela planta, "eis uma planta símbolo da majestade poética de Deus", ou "eis uma planta, fruto da adaptação das espécies, evoluindo por milhões e milhões de anos aqui no nosso planeta". Sinto muita alegria pela beleza espontânea — talvez esse seja o "meu" mistério.

E se existem hoje, de fato, religiosos que estão em alta, ateus que resistem, agnósticos, existe uma outra coisa, essa sim que cresce no mundo, que é o "apateísmo", a indiferença à religião e às concepções religiosas.

Quando me perguntam se nego a existência de Deus, respondo que jamais vou me esforçar para fazer isso. Da mesma forma que existe a monarquia no Butão, país que visitei algumas vezes, e eu não acordo no meio da madrugada me perguntando se o rei do Butão continua fiel à sua linda esposa — não, isso não me move. Tenho certo apate-ísmo com o Butão, que acho um lugar lindo, onde tive experiências muito boas.

Gosto da ideia de figura religiosa contida no soneto atribuído à Santa Teresa d'Ávila (e muitas outras hipóteses de autoria), traduzido por Manuel Bandeira: "Não se move a Deus pelo céu ou pelo inferno", e logo em seguida "ele é a própria causa desse movimento", ou seja, desse movimento dela em direção a Deus. Em seguida, diz:

> *Move-me, enfim, o teu amor, e de tal maneira,*
> *Que a não haver céu, ainda Te amara,*
> *E a não haver inferno Te temera.*

Essa é a entrega que considero bonita, uma entrega gratuita.

Mas por que faço agora psicanálise da minha afirmação? Porque tenho formação religiosa e considero que a entrega gratuita é superior à entrega paga, ou mercenária. Nesse caso, ainda sou fruto de uma influência moral religiosa. Se não fosse fruto dessa influência, diria que se entregar a Deus por medo, por desejo do céu, por medo do inferno ou por nada continua sendo o desejo humano que determina tudo isso, e esse desejo não tem classificação moral.

Voltando a Yuval Harari, são narrativas que nós construímos. E eu gosto da ideia criativa. Ontem, nós falamos de criatividade.* Atrás de você, vejo *A grande onda de Kanagawa*, que ilustra essa ideia de uma natureza que nos excede. Há pequenos barquinhos nessa imagem, representando a ideia de um arquipélago como o japonês, tomado de tsunamis, tufões, terremotos quase diários. O artista transforma isso

---

* A conversa entre Gleiser e Karnal foi gravada em dois dias, via zoom. *A grande onda de Kanagawa*, obra do pintor japonês Hokusai, de 1831, ilustra o painel por trás de Gleiser. (*N. do E.*)

em arte, numa onda que excede os barquinhos. Mas o humano está atrás dessa onda; é o humano que representa essa onda.

Sou um pouco fascinado pela humanidade nos seus horrores e nas suas grandes realizações. Vejo a flor-cadáver e a rosa, vejo as minhas flores preferidas, como as peônias, que cobrem os campos do Butão e da China. Aqui no Brasil, cada peônia custa uma fortuna, lá é capim abundante. E existe uma capacidade de representação, como o mesmo Hokusai que criou a sua imagem do tsunami e do monte Fuji. Essa capacidade que temos de refletir, de fazer poesia, arte, para mim é suficiente. Não preciso, para ser feliz, de uma explicação metafísica, e não sendo um cientista de uma área dura, também não preciso explicar exatamente como ocorre a paralaxe da luz na nossa atmosfera, ainda que ache interessante a explicação.

MG: O poeta inglês John Keats escreveu um poema criticando Newton, dizendo que ele destruiu a beleza do arco-íris quando explicou que, na verdade, era uma decomposição da luz solar por cristais prismáticos na atmosfera. Ou seja, uma crítica do romantismo a uma ciência racional e precisa que Keats via como destituída de poesia. O contra-argumento dessa postura romântica vitoriana é que não existe o "tirar a beleza". Ninguém tem o poder de declarar o que é belo. O que existe é uma diferença de belezas, que nos remete a uma avaliação da subjetividade do belo. Portanto, defendo que existem várias maneiras de olharmos para um arco-íris, e nenhuma delas é melhor ou mais profunda do que a outra. Todas têm um valor emocional e intelectual complementar do mesmo fenômeno. Podemos até dizer que, para um cientista, a difração da luz na atmosfera é um fenômeno de extrema beleza, especialmente após compreendê-lo como tal.

Como exemplo, costumo dizer que quando bebemos um copo de vinho com alguém, podemos apreciar o momento de várias formas, todas importantes. Por exemplo, podemos dizer que "bioquimicamente, esse vinho vem da fermentação da uva, onde o açúcar vira álcool". Ou podemos falar da difração da luz quando atravessa o cálice de cristal, podendo até revelar as cores do arco-íris; ou da cor do vinho, da sua origem. Ou podemos falar do aroma do vinho, do seu buquê; podemos manusear o copo e ter uma sensação tátil do prazer de estar segurando aquele cálice. Podemos falar sobre a história evolutiva da uva e da viticultura. Ou podemos ficar calados e não falar nada, simplesmente apreciando o momento, a companhia da pessoa com quem estamos dividindo esse momento especial, bebendo juntos um cálice de vinho. Todas essas facetas da experiência de beber esse vinho são importantes de formas diferentes, e são visões complementares desse momento particular.

LK: Perfeito, e acho muito bonito pensar isso. Dissemos várias vezes que "a arte existe porque a vida é insuficiente". Então também podemos pensar na experiência de Louis Pasteur, considerado o primeiro a descrever o processo de fermentação de forma científica. E eu posso descer às precisões — sou um apreciador de vinhos — organolépticas, e posso chegar ao máximo daquela sofisticação afetada, aristocrática, decadente, de, ao girar o vinho, ver ali o aroma de musgo da face norte do Mont Blanc, os cheiros terrosos do siroco que traz do Saara um leve tom de silício. Não é isso?

Tudo isso é possível, mas o mais importante é o prazer da degustação — e, em particular, quando bem acompanhado, como você trouxe, isso muda. Existe um ponto que não é o da razão entendida aqui, mas no qual a beleza e a poesia me invadem. Posso chamá-lo de arte, de poesia, de sensibilidade, posso chamá-lo de Deus — não me preocupa em nada isso.

Você, um pouquinho lá atrás, falou do livro sobre os fenômenos cósmicos que seu pai apreciava, e que buscava explicações científicas

SOBRE A CIÊNCIA E A RELIGIÃO

para algumas histórias da Bíblia. Cito outras. As codornizes voam da Índia para a Europa em determinado período do ano. Como viveu no Sinai com seu sogro Jetro por um período, Moisés aprendeu, como todo homem do deserto, como todo xeique, que existem épocas em que as codornizes sobrevoam o Sinai, e algumas caem, exaustas, como fruto desse esforço. Também aprendeu que há rochas porosas e calcárias que conservam água. Logo, como todo pastor do deserto, ele pôde "extrair" água da rocha. Certamente, aprendeu muitas outras coisas sobre como sobreviver no deserto.

Há tentativas de explicar fenômenos aparentemente miraculosos como sendo parte da natureza, para fazer um Deus não *ex machina*, como se chama em filosofia, um Deus que atue dentro da própria ciência. Aliás, esse tipo de explicação aparece na frase mais mal compreendida de Einstein: "Deus não joga dados." O universo também não jogaria dados conosco.

Esta também é uma explicação possível, mas que gosto um pouco menos: a tentativa de mostrar que a Bíblia é um livro que pode ser explicado assim, quando a Bíblia é um livro histórico, da mesma forma que a *Ilíada* e a *Odisseia* são livros históricos, no sentido de que foram produzidos por uma sociedade com valores daquela determinada sociedade e, como tal, posso aprender muito sobre o comércio antigo ao ver, por exemplo, as brigas do rei Salomão com as cidades da Fenícia, ou sobre o fornecimento de cedros do Líbano para o templo de Jerusalém. Quando Salomão entrega cidades em troca de madeira, eu aprendo sobre as concepções de comércio, nação e cidade da época. O que os hebreus pensavam das mulheres, ou da culinária, está tudo na Bíblia. Isso é fascinante, a Bíblia é um livro histórico. Assim como a história de *João e Maria* (*Hänsel und Gretel*) mostra o abandono de crianças em um período de fome na Alemanha moderna, em plenos séculos XVI e XVII. E é um conto histórico; não há uma bruxa, mas cenas de canibalismo em quase todas as grandes fomes, como a ocorrida entre 1315 e 1317.

A HUMANIDADE EM BUSCA DE SI

Essas memórias às vezes são intuitivas. Nunca os europeus da Idade Média souberam que o rato e a pulga do rato estavam associados à Peste Negra, mas a lenda do Flautista de Hamelin mostra que a expulsão dos ratos da cidade também causou o fim das crianças na cidade. O músico tinha uma flauta encantada; ao tocá-la, os ratos abandonaram a cidade, como ele havia prometido. As autoridades decidiram não pagar pelo serviço do flautista e ele usou o mesmo instrumento para retirar todas as crianças daquela urbe ingrata. Tanto a peste como as crianças desapareceram. No meio da história, uma intuição: ratos e peste estão associados.

MG: Exatamente. A peste bubônica?

LK: Exatamente. A peste, de 1347 a 1350.

Essas explicações intuitivas são muito frequentes em todos os lugares. Por exemplo, em um dos livros mais antigos da Bíblia, o sofrimento de Jó adverte sobre uma pergunta essencial: por que um homem bom vive desgraças? Ou certos Salmos que inspiram as pessoas a compor até hoje. Eles inspiraram a ópera *Nabucco*, de Verdi; no coro *Va, pensiero*, o canto dos hebreus exilados na Babilônia. Isso é de uma beleza extraordinária.

MG: E ainda mais quando vemos que Verdi usa o martírio dos hebreus exilados e sob o controle dos babilônios para representar o sofrimento dos italianos sob ocupação dos austríacos em meados de 1880.

LK: Exato. A principal beleza da religião é quando ela não tenta ser ciência, mas quando reconhece que ocupa outro patamar. Estou ao lado de Lacan e de outros que acham que talvez não haja psicanalistas no futuro, mas haverá padres, rabinos e pastores.

SOBRE A CIÊNCIA E A RELIGIÃO

MG: Há duas coisas que também gostaria de abordar na nossa conversa. A primeira — você deve conhecer isso —, William James, um dos grandes psicólogos americanos, que escreveu um livro chamado *As variedades da experiência religiosa*, em que tenta chegar ao coração da fé.

O que é isso que move as pessoas de uma forma universal? Existe alguma universalidade no impulso religioso? Ele fala de Santa Teresa d'Ávila e de muitos outros místicos, para quem a experiência do encontro com o divino é uma experiência, de certa forma, inenarrável, em que a linguagem é incapaz de realmente representar esse suposto encontro, porque a linguagem tem um pressuposto racional, lógico, de encadeamento que a experiência mística em si não tem.

James conclui que a essência do sentimento religioso vem dessa espiritualidade inenarrável, do inefável, da contemplação mística da nossa existência no universo, do maravilhamento que vem da percepção subjetiva de sermos parte de algo maior do que nós, de uma conexão transcendente, para além do tempo.

Fico curioso de saber o que você acha dessa maneira de pensar o impulso religioso e a questão da espiritualidade. Você acha que podemos ter a experiência do espiritual — que nada tem a ver com uma alma sobrenatural — sem conexão com o dogmatismo religioso?

LK: Sem dúvida. Não sei se essa linda imagem de James foi feita antes ou depois da longa visita dele ao Brasil com a expedição de Agassiz, que a gente estuda bastante.

MG: Não sabia disso! Então William James esteve no Brasil? E com Louis Agassiz?

LK: Esteve. A Expedição Thayer, que veio ao Brasil, foi liderada por Agassiz, um geólogo suíço, da qual James participou. E, no segundo

A HUMANIDADE EM BUSCA DE SI

reinado, foram recebidos com pompas e honras de Estado porque dom Pedro tinha um traço erudito, de interesse universal, mais enciclopédico do que criativo.

A ideia de que religião se funda com espiritualidade é tipicamente institucional, ocidental. Se considerarmos outros americanos, por exemplo, Henry David Thoreau e outros do século XIX, e mesmo o poeta Walt Whitman — um pré-hippie, um pré-beatnik, não sei como o classifico como autor —, vemos que essas vidas ligadas à natureza, pessoas que se isolam solitárias em lagos e montanhas, buscam uma reflexão profundamente mística, de *"anacoreta"*, expressão medieval para santos que se isolam.

E, é claro, sempre posso ler Freud nisso, a certa distância — você talvez não saiba desses detalhes de certas patologias da santidade. Alguns santos medievais iam para o alto de colunas e viviam a vida inteira a vários metros de altura, e lá ficavam pregando e recebendo alimentos por cotas, e nunca mais desciam. São chamados santos estilitas, porque deriva da palavra grega para coluna [*stylos*]. E o que Freud diria deles? E hoje onde estariam esses santos? Talvez em instituições psiquiátricas tomando algum medicamento forte. Há santos que só comiam grama feito animais, os santos herbívoros. Há santos que andavam com cadeiras nas costas, santos sideróforos, como forma de penitência etc.

A experiência do sagrado é histórica, mas não institucional, como naturalmente a própria religião reconhece. Jesus diz, por exemplo, no Evangelho, que não veio corrigir a lei. A lei em questão, para um judeu religioso como Jesus, se baseia nas palavras de Moisés, que davam ao marido a permissão de se divorciar. Jesus, então, contrapõe: "Não vim corrigir a lei, mas essa lei do divórcio foi dada devido à dureza do coração dos vossos pais." Moisés foi obrigado a dar aquela lei porque naquela época era um terror, "mas hoje, porém, eu [Jesus] vos digo", ou seja, a revelação de Deus se dá na história também.

SOBRE A CIÊNCIA E A RELIGIÃO

Deus disse que é proibido comer carne de porco, mas São Pedro teve uma visão no porto de Jaffa, hoje norte de Israel, e o porco é liberado para os cristãos. As regras de pureza caem com uma só visão de Pedro.

Há instituições mais e outras menos centralizadas. Por exemplo, o catolicismo é muito centralizado; o judaísmo, menos. Os dois grão-rabinos em Jerusalém, um *ashkenazi* ou *sefaradi*, não têm poder sobre as sinagogas do mundo, nem são muito respeitados fora de Jerusalém, às vezes nem em Jerusalém, enquanto a Igreja tem um papa.

Há religiões mais dogmáticas e menos dogmáticas. Há espiritualidades como a de Tolstói, que são totalmente distantes da instituição ortodoxa da Igreja russa. Há místicos do século XIX que não frequentavam a igreja. Os dervixes dançantes, uma versão do sufismo ainda hoje existente na Turquia, não têm relação com a mesquita. E o hassidismo é, desde a sua origem, uma reação contra as sinagogas mais tradicionais da Polônia, uma tentativa de restaurar a alegria do contato com Deus pela dança.

Então, quase que diria o contrário: o misticismo, o impulso místico, a espiritualidade — praticamente quase corre à parte das grandes instituições.

Conheço um pouco mais a Igreja católica; e nela os místicos são sempre perigosos. Só para lembrar, Santo Inácio de Loyola, que você citou, foi preso pela Inquisição, com a qual San Juan de La Cruz também teve problemas. Todo místico é uma espécie de autônomo, com um contato direto com Deus, que elimina parte do clero. E isso é sempre perigoso. Por isso, muitos místicos foram queimados, muitos outros encarcerados, e para um místico ser aceito, de fato, o caminho é longo. A mística, apesar de qualquer teólogo institucional me contrariar a respeito, é quase contrária às instituições.

Se posso me comunicar com Deus e tenho um êxtase — como a beata Albertoni, retratada por Bernini na igreja San Francesco a Ripa, em Trastevere, ou como Santa Teresa, também retratada por Bernini, em Roma —, tenho um contato com Deus em muito superior ao de meu confessor, representante do poder naquele momento.

Essas coisas são muito complicadas. A Igreja custa a reconhecer as aparições de Nossa Senhora porque isso significa dar a três pastores em Portugal ou a uma menina semianalfabeta no sul da França um poder de contato com o divino que não é tão fácil. A Igreja investiga muito e resiste até que, finalmente — apesar de não ser obrigatório para os católicos acreditar nas aparições de Nossa Senhora, porque não é dogma de fé —, acaba endossando e construindo instituições a esse respeito.

Grandes renovações religiosas são feitas por pessoas que não têm ligações com as religiões tradicionais, como no caso do professor de Ciências que conhecemos pelo pseudônimo Allan Kardec, incentivador de uma renovação religiosa muito ligada ao espírito científico do século XIX. Toda religião tem uma marca histórica profunda, e o espiritismo (o kardecismo espírita) é a religião do século XIX, por excelência. Primeiro, recusa o título de religião, porque se considera uma filosofia, utiliza magnetismo — típico do mesmerismo do século XIX — e descreve o evolucionismo dos espíritos — darwinismo aplicado ao plano espiritual; depois, afirma que demônios não existem, são espíritos obsessores que vibram mais perto das vibrações do mundo material pesado. Isso é a ciência do século XIX; só falta a eletricidade para completar esse cenário de fascinação científica do século.

MG: Isso não me surpreende. Todas as propostas no decorrer da história, sejam artísticas, religiosas ou científicas, dependem da visão de mundo vigente na época. E a ciência, ou a visão cosmocientífica,

SOBRE A CIÊNCIA E A RELIGIÃO

tem um papel essencial nisso. Mesmo as propostas mais disruptivas se baseiam na negativa do que é vigente. Você sabe que, na época vitoriana, vários cientistas ingleses também se entregaram a práticas esotéricas e ao espiritismo porque achavam que as ondas eletromagnéticas, sustentadas misteriosamente no espaço, invisíveis aos olhos, eram uma espécie de conduto a esse outro plano, ao plano espiritual. E a lista inclui ganhadores do Prêmio Nobel, como J. J. Thompson, que descobriu o elétron, e vários outros.

Queria encerrar essa nossa conversa sobre ciência e religião abordando a questão do que chamo de misticismo racional, um tema que me fascina muito, talvez porque me considere um adepto dele. Essa é uma história longa, que talvez comece, pelo menos que nós saibamos, com Pitágoras na Grécia Antiga, por volta de 600 a. C. Ele estabeleceu uma ordem na província de Crotona, no sul da Itália, que praticava uma mistura religiosa/mística/matemática, baseada na contemplação da ordem racional da natureza, enquanto expressa por números e suas razões.

O misticismo pitagórico era, na sua essência, um ato de devoção a uma mente divina que usou a geometria para arquitetar o cosmo, uma visão de mundo que, trezentos anos mais tarde, influenciou Platão profundamente. Se nós continuarmos nessa linhagem intelectual, Kepler, na Renascença, com certeza era um platônico místico. Ele dizia que "o universo é uma representação da intelectualidade de um Deus geômetra". Passou a vida buscando essa ordem cósmica, essa representação geométrica da natureza, como conto no meu único romance, *A harmonia do mundo*. Ele acreditava que os cinco sólidos platônicos (cubo, tetraedro, octaedro, dodecaedro e icosaedro) eram o arcabouço geométrico do Sistema Solar. No seu primeiro livro, *O mistério cosmográfico*, de 1597, há uma representação do Sistema Solar em que o Sol está no centro, circundado pelos cinco sólidos

A HUMANIDADE EM BUSCA DE SI

platônicos — como as *matrioskas*, aquelas bonecas russas que cabem uma dentro da outra. Usando geometria, que fixa a distância entre esses sólidos platônicos, Kepler prevê a distância entre os planetas: Mercúrio, Vênus, Terra, Marte, Júpiter e Saturno. E, dentro da precisão da astronomia da época, deu certo! Claro, ninguém sabia ainda de Urano e Netuno; mas, para Kepler, essa representação geométrica do cosmo era uma expressão da mente de Deus, da mente de um Deus geômetra.

Depois temos Espinosa, que considero também um místico judeu, que vê a presença divina em tudo que existe, tanto no animado quanto no inanimado e, mais para a frente (resumindo muito essa história), o próprio Einstein, um grande fã de Espinosa. Einstein dizia: "Se existe algum Deus em que acredito é o Deus de Espinosa." Einstein tem uma afirmação que acho muito bonita, que tem muito a ver com a nossa conversa aqui: "A emoção mais profunda que podemos sentir é o Mistério", com "M" maiúsculo, "pois esse Mistério é o berço da criatividade tanto nas artes quanto na ciência" e "a pessoa que não se encanta com esse Mistério é como uma vela que se apagou".

Einstein acreditava que a racionalidade que via na natureza era a expressão de uma espiritualidade imponderável, meio mágica, que, para ele, poderia ser revelada através da ciência. Vou ainda além: para Einstein, como para Kepler, Newton e muitos cientistas do passado e do presente, o processo de contemplação da ordem da natureza que, então, é narrado através da matemática, é um ato de devoção religiosa.

LK: Existe uma acusação de que isso seria uma espécie de dissolução de Deus na natureza. O argumento utilizado no processo de expulsão de Espinosa da sinagoga de Amsterdã foi o de que ele seria um panteísta. Ou seja, os religiosos formais, em geral, falam sempre da natureza de Deus e do Deus da natureza, mas nunca de um Deus diluído

SOBRE A CIÊNCIA E A RELIGIÃO

nessa natureza. E que esse panteísmo é muito poético, "ah, eu sinto Deus nas árvores, nos córregos; sinto Deus nas cachoeiras". É bonito porque nós associamos Deus à beleza; se eu vejo uma cachoeira bonita, eu não vou dizer "que interessante, a água cai de um ponto mais alto a um ponto mais baixo e G é igual a 9,8, mas, para fins de cálculo, igual a 10". Bem, não tem muita beleza nisso.

MG: Tem. Tem beleza, sim. É só outra maneira de contemplar essa beleza. Como no caso de Newton e do arco-íris que discutimos antes. A compreensão racional do mundo não lhe rouba a beleza estética; diria que, ao contrário, adiciona. E no caso da "diluição de Deus" pelo panteísmo de Espinosa, é bom lembrar que existem muitos deuses na cultura humana; no caso das tradições indígenas, por exemplo, *toda* a natureza — e o que existe nela — é divina, povoada de espíritos. Esse animismo é extremamente próximo ao panteísmo, digamos, mais racional de Espinosa ou Einstein. São modos diferentes de expressar nosso maravilhamento com a ordem das coisas, com o poder do mundo natural.

LK: Sim, é verdade, mas posso dizer assim: "A água está caindo de um ponto mais alto ou mais baixo porque a água se apaixonou pelo solo." Posso até invocar o princípio aristotélico de que você lembrou, que a água vinda do solo quer voltar ao solo por uma espécie de atração poética. Posso dizer também que a água está se renovando, ou que naquele ponto as energias confluem, ou buscar constantes do universo. O sucesso do livro *O código Da Vinci*, de Dan Brown, se deve à defesa de uma constante, uma constante do universo. E uma hora ele diz que "o número de divisão entre abelhas operárias e zangões é sempre o mesmo em todas as colmeias". Eu pensei: "Como é que se pode demonstrar isso?" Teria que pegar todas as colmeias num momento X e contá-las?

MG: É, você tem o processo indutivo na ciência, muito poderoso, mas que apresenta limitações. Não podemos estudar todas as colmeias que existem, mas, após estudar muitas delas, em todas as partes do mundo, se essa proporção numérica continua válida, podemos inferir que há uma probabilidade alta de ser o caso de todas. Não podemos ter certeza disso, claro, e certamente haverá exceções. Estatisticamente, no entanto, é uma lei empírica, válida até ser demonstrada inválida. A ciência não busca certezas exatas, mas tendências ilustrativas da maioria. Como David Hume afirmou corretamente ao criticar o método indutivo na ciência, não podemos ter certeza de que o Sol vai nascer amanhã. Mas, dada a nossa experiência da realidade e a constância desse fato ao longo de bilhões de anos, a probabilidade é alta de que o Sol vai, sim, nascer amanhã de manhã lá no leste.

LK: Então você pode fazer essa busca de constantes, relacionadas com, por exemplo, as partículas fundamentais da matéria: número Ômega, número Lambda, número Delta. Essas constantes são sempre a busca de uma razão universal, que pode estar em Deus.

É muito bonito também o cientista religioso que acha que parte do esforço da ciência é decifrar o livro de Deus contido na Criação. Ou seja, é em parte o esforço pitagórico, que associa uma religião com uma busca matemática ou uma prática religiosa — mais do que uma busca matemática, os pitagóricos também eram uma seita religiosa, com crenças muito definidas. Buscar essas figuras perfeitas, essa harmonia das esferas, que já citei, é algo muito simpático. Confesso que a beleza, para mim, é um pouco inexplicável; ela pode ser traduzida em seus sintomas pela poesia, pela arte, pela música.

Se quero atribuir essa constante a uma entidade criadora, vou sempre supor que, talvez, para o meu cachorro, eu seja Deus. Eu sei tudo, sei onde as coisas estão guardadas, forneço o alimento, decido

SOBRE A CIÊNCIA E A RELIGIÃO

por ele para o bem e para o mal, e para ele eu já existia aqui antes de ele mesmo existir, e continuarei aqui após sua morte. Para ele, eu sou Deus — fonte de alimento, de luz, de calor, estabeleço regras absolutas e punições caso ele não cumpra essas regras.

MG: Mas para os gatos, eles é que são os deuses, já que somos nós que cuidamos deles, que damos comida e guarita. Essa é a diferença entre gatos e cachorros.

LK: Então não me importa muito essa concepção; como disse, não são perguntas que eu faça, apesar de achar muito poético e simpático que as pessoas as façam.

O que me irrita, em qualquer crença, seja de um Estado ateu, como a China da Revolução Cultural, seja na União Soviética de Stalin, é a tentativa de imposição de um universo sobre outro.

Se eu sou ateu na Rússia soviética, vou prender e matar padres ortodoxos, perseguir a Igreja católica na Polônia. Esse aspecto da catequese forçada, de querer obrigar o outro a ser ateu ou religioso, é a pior versão do poder humano que usa Deus ou a dita razão lógica do materialismo histórico para exercer poder, constituir uma elite dominante. Isso me irrita muito.

Se você concebe o "espaguete voador", a redenção universal de Jesus ou um Deus tão distante, quase abstrato, como o de algumas religiões, essas são questões históricas. E não tenho a intenção de ser irônico quando cito Francis Bacon e digo que são "ídolos da tribo". Não há ironia nisso, porque eu mesmo pertenço a uma tribo e o meu totem, para usar as tribos do noroeste da América do Norte, é sagrado.

Eu me sinto profundamente feliz quando entro num espaço como uma igreja, uma sinagoga, e um pouco menos aqui em São Paulo, mas já entrei em várias mesquitas, porque sinto ali um espaço histórico, geralmente bonito, um espaço de ordem.

É o que Ayaan Hirsi Ali, uma mulher inteligente, ainda islâmica na época, que saiu da Somália para a Holanda e depois para os Estados Unidos, descreveu quando visitou a Arábia Saudita num dia de muito calor. Ao entrar numa gigantesca mesquita, fresca e com água corrente, ela disse: "Oh, isso em grande parte é Deus."

Na minha infância, Deus também era a oração final da escola na sexta-feira, quando a luz entrava pelos vitrais da capela dedicada ao Sagrado Coração de Jesus. A luz era azulada, e nós cantávamos o "Panis angelicus", de César Franck, ou "Memorare", a oração de São Bernardo, e aquelas vozes afinadas, com o órgão e a luz entrando, aquilo era Deus, aquilo era a beleza, e onde eu tocava a beleza. Claro que possivelmente também era o croissant quentinho em casa. Mas eram essas as experiências, a reunião de todas elas, a experiência do bem, do prazer, do mal. E as pessoas agressivas, naturalmente, eram o diabo, eram as forças do mal, os espíritos malignos, as tentações.

Essas metaforizações dos meus medos e dos meus desejos são muito respeitáveis. Sempre acompanho com respeito a religiosidade. A única coisa que admito é que não tenho mais essa capacidade de acreditar em um Deus pessoal. E eu tentei. Houve um longo período em que tentei. A ideia de um Deus pessoal é muito agressiva à lógica. Não tenho raiva de qualquer entidade, nunca amanheci irritado com o Boitatá. O que me irrita é alguém querer dizer que o Boitatá é a única crença válida.

MG: Com certeza. Esses espaços que você mencionou, os templos, os monastérios, a igreja com vocês cantando na sexta-feira, as sinagogas, são, na verdade, criados para oferecer a possibilidade de uma contemplação de transcendência, do que significa ser transcendente. E é por isso que existe uma mágica litúrgica, um ritual, que tenta atiçar algo que todo ser humano tem dentro, que é esse desejo do além, essa atração pelo que está além do imediato.

Concordo quando você menciona Lacan, que disse que o futuro provavelmente vai ter mais padres do que psicanalistas. Ou, mais provavelmente, com o avanço super-rápido das terapias psicodélicas para o tratamento de depressão, síndromes pós-traumáticas, ansiedades e traumas pessoais, talvez os terapeutas do futuro venham a ser os novos xamãs! De certa forma, essa experiência do Mistério é essa necessidade de atração ao inefável que sentimos de várias formas.

Por exemplo, a música certamente é uma ponte para esse estado contemplativo. Pelo menos é para mim. Quando toco meu violão — não toco piano como você, mas improviso muito no violão —, a noção de tempo e de espaço desaparece e apenas a música permanece. Essa minha relação física com o instrumento é a fonte que uso para essa transcendência, que pode durar por apenas alguns momentos, mas que, enquanto dura, parece ser eterna. Essa é uma experiência muito mágica.

LK: Mas pegue a música como guia para descrever o que nós viemos descrevendo até aqui. A música é matemática — ela tem compasso, andamento, tempo de duração das notas; é a junção da sensibilidade, de certa inteligência espacial e mecânica, e de uma sensibilidade, além de tudo isso. Minha maior professora de teoria musical era uma freira alemã que dizia: "Compor todo mundo pode, é uma questão de treino, mas... a melodia é dom de Deus." Insistia nesse ponto, e talvez eu, por não ser mais religioso, nunca consegui fazer uma melodia bonitinha.

Acredito, de uma forma amadora, que a música é a perfeita junção dos hemisférios esquerdo e direito do cérebro, de duas habilidades motoras, sensíveis, matemáticas, espaciais e, ao mesmo tempo, de

A HUMANIDADE EM BUSCA DE SI

audição, e assim por diante. Posso descrever a música tecnicamente e também descrevê-la por aquilo que não posso.

É nisso que místicos como Pascal e filósofos com inclinação religiosa como Descartes vão encontrar Deus. Se eu tenho noção do infinito no cérebro, no espírito ou na alma, se tenho noção de coisas indescritíveis, é porque naturalmente não tenho — isso foi colocado ali. Então se eu, um ser finito, tenho noção do infinito, é porque isso foi colocado como uma marca de autoria. Ou seja, ali está quase que a impressão digital de Deus. Esse anseio pelo infinito, pela metafísica, pela explicação, é a impressão digital de Deus em nós.

Ou seja, eu duvido de tudo, sou cético de tudo. E também isso é histórico. Parece que foi John Locke, um grande liberal inglês, que escreveu assim no seu *Tratado sobre a tolerância*: "É um absurdo ser intolerante com as posições políticas; é impossível ser intolerante com..." E ele vai defendendo a tolerância, até dizer, no final: "A não ser os ateus, esses têm que ser executados." Esse é o limite de Locke.

MG: Perfeito. É isso. Viva a música das esferas.

LK: Música das esferas, isso.

MG: Você mencionou a questão do poder e a tal da hierarquização, e o nosso último tema é a questão da liberdade, um ótimo tema. Aliás, bastante importante hoje em dia.

LK: Tem um aspecto prático que citei para o rabino Ruben Sternschein, algo que considero muito importante. Uma vez a *Folha de S.Paulo* entrevistou um senhor judeu do Bom Retiro. Perguntaram a esse senhor, um judeu tradicional: "Você acha que os coreanos, os

SOBRE A CIÊNCIA E A RELIGIÃO

islâmicos que estão lá e os judeus devem se amar?" Ele disse: "Não. Só não matar uns aos outros. Amar é demais."

Para mim isso é uma pérola. Amar é demais, mas se não se matarem está bom.

MG: Está bom. Uma coexistência.

PARTE IV

Sobre a liberdade

MARCELO GLEISER: Voltando às diferentes tradições religiosas, lembro que uma das grandes transições da minha vida foi quando saí de um colégio judaico em que cursei do maternal até a 8ª série — na época se chamava 8ª série — e fui para o Colégio Princesa Isabel para fazer o antigo científico, que tinha aula aos sábados, o horror dos horrores.

LEANDRO KARNAL: Já eu, que fui coordenador de *yeshivá*, amava quando os feriados judaicos emendavam com os feriados cristãos e nós chegamos a...

MG: Como assim, você foi coordenador de *yeshivá*?* Explica isso aí. É uma coisa curiosíssima para mim.

LK: Em determinado momento, aqui em São Paulo, o Colégio Iavne, originalmente muito conservador, pois nasceu de uma comunidade muito conservadora, achou que a escola, na parte laica, estava fraca. Contrataram o diretor Osvaldo Piffer, que estivera à frente do Porto Seguro, um colégio protestante alemão. Daí colocaram a área laica na mão dos *goyim*,** então peguei História Laica e de manhã coordenava o Iavne. É claro que dialogávamos muito. Por exemplo, Reuven

---

* "Yeshivá" é o nome de escolas de instrução de rabinos.
** "Goy" significa não judeu em iídiche, um dialeto falado pelos judeus da Europa.

Faingold, que lecionava *Ivrit** e também História Judaica, virou meu amigo. À tarde eu era professor no Santo Américo, um colégio beneditino aqui de São Paulo.

O único lugar que me obrigava a rezar era o Santo Américo. No Iavne eu não precisava usar nem a quipá.** Tenho uma coleção de *kipot*, para usar nas festas de amigos judeus. Mas no Iavne não precisava nem rezar. Isso era interessante, pois essa noção de "não precisamos converter você" é muito curiosa, e toda sexta-feira eu trazia uma *challa**** para casa. Ganhávamos da padaria da escola. Fiquei viciado em gelatina judaica também, porque é de alga.

MG: Você diz uma gelatina *kosher*?

LK: Exatamente. Na verdade, é injustiça com a nossa gelatina atual porque ela não tem mais isso. Nossa gelatina atual é tabela periódica só, do hidrogênio ao tungstênio pelo menos.

MG: Essa sua história de você ser coordenador de Histórica Laica numa *yeshivá*, mas com a liberdade de abrir mão da quipá, aquela "coberta" na cabeça que os judeus usam, é uma transição perfeita para iniciarmos nossa conversa sobre o conceito de liberdade. Numa escola cujo objetivo principal é o treinamento de rabinos, eles respeitaram a sua história pessoal, a sua proveniência religiosa, e deram a liberdade de não ter que se conformar ao comportamento.

---

* "Ivrit" é hebraico, a língua nacional de Israel.
** "Quipá", em hebraico, é o chapéu, em geral circular, que judeus mais religiosos usam para demonstrar sua humildade perante Deus, que está acima de todos. "Kipot" é o plural.
*** *Challa*, em hebraico, é um pão cerimonial comido no Shabat, o Dia do Descanso para os judeus.

LK: Verdade, mas muitos alunos lá preferiam, e eram autorizados pelos rabinos, usar boné. Eles tinham que tapar a cabeça. Uns usavam chapéu, alguns professores, mais velhos, usavam aquelas boinas meio francesas, mas muitos usavam bonés. E isso era conservado.

Mas se eu for a uma sinagoga, como já fui tantas vezes, e colocarem uma quipá na minha cabeça, não tenho problema algum com isso porque acho que é respeito ao anfitrião. Entro em casas de asiáticos, inclusive de um amigo meu não asiático, e tenho que tirar o sapato. Preciso descobrir a cabeça — estou sempre de chapéu por causa da careca — ao entrar em igrejas. E eu tenho que cobrir a cabeça ao entrar em sinagogas — e para mim não há problema nisso. Na Ásia, por exemplo, enfrentei alguns problemas porque tenho muita resistência a andar descalço, e nos templos, tanto em alguns hindus como na maioria dos budistas, eu tinha que botar o pé no chão. Era um sacrifício...

No momento que alguém impõe um código ao outro, que esse outro não quer, isso é problemático. Uma igreja católica conservadora — e hoje temos várias —, que inclusive faz a missa em latim pelo rito de São Pio V, e exige o véu das mulheres, tem o direito de exigir. E tem o direito de dizer que não quer uma mulher de biquíni naquele espaço. Essa igreja tem o seu direito. E mulheres têm o direito de não ir àquele espaço e usar o biquíni na praia como quiserem, ou na sua casa, como bem desejarem.

Então é isso, aquela frase que não é de Voltaire, mas de uma biógrafa de Voltaire, e que traduz o pensamento dessa tolerância: "Posso não concordar com uma palavra do que diz, mas defendo até a morte o direito de o dizeres." Não é de Voltaire mas traduz bem a ideia do iluminista: tolerância ativa. "Que bom que você, meu amigo islâmico, respeita a sexta; que bom que você, meu amigo judeu, respeita o sábado; e que bom que você, meu amigo católico, respeita o domingo." Eu, como brasileiro, respeito a sexta, o sábado e o domingo, e gostaria de um final de semana prolongado nos três. Então, se eu discordo de você em 90%, podemos começar a conversar com os 10% que concordamos.

Além disso, uma exposição racional da diferença é muito boa porque vai me obrigar a pensar meus argumentos. Adoro ler livros apologéticos de religiões porque me obrigam sempre a repensar. Li quase a obra completa de Chesterton, por exemplo, um grande apologeta inglês católico. Uma exposição inteligente feita por alguém calmo, sem imposição, é quase que uma melodia para os meus ouvidos. E posso escutar quase qualquer coisa.

Por exemplo, assisto a muitas cerimônias religiosas por força da minha pesquisa. Agora estou marcando de novo um ciclo de idas a terreiros. Saio sempre feliz desses ambientes, com aquilo que vi, aquilo que percebi. É sempre uma decepção para os religiosos, porque eles acham que estou me convertendo porque vi uma cerimônia ou tenho ido com frequência. Ainda não. Pode ser um dia porque, afinal, existe um tal de Lavoisier que disse que "alguma coisa vai sempre se transformar", que é o lema de restaurante por quilo: "Nada se perde, nada se cria; tudo se transforma."

MG: Se transforma, e muito. Interessante isso que você mencionou, que quando se vai na casa de alguém, nada mais nobre da sua parte do que respeitar os princípios da cultura do seu anfitrião.

LK: Contanto, claro, que não agrida a ética, que não me obriguem a dizer uma coisa de que discordo totalmente. Mas se tem que usar uma quipá, por que não? Aliás, o mistério da quipá, para quem não sabe, o solidéu cristão, é que ela para na cabeça dos carecas. É um mistério da fé. Morri de rir de um rabino que me deu uma quipá com um grampinho para segurar. "Vai segurar onde, rabino?" É uma ironia do destino.

Algo curioso ocorreu quando entrei na grande mesquita de Córdoba, transformada em igreja. Eu estava de boné, porque o sol da

SOBRE A LIBERDADE

Andaluzia era de matar, e o guarda gritou, com aquela delicadeza dos espanhóis do sul: "*Quítate la gorra!*" E eu respondi: "Mas isso também é uma mesquita, então eu tenho que cobrir a cabeça." O guarda entrou em um colapso religioso porque a primeira religião a construir aquele templo mandava tapar a cabeça e a segunda religião mandava descobrir a cabeça.

MG: Interessante isso, uma coisa que nunca consegui entender direito. Por que o papa, os cardeais, os bispos, cobrem a cabeça como os judeus?

LK: Eles cobrem, mas esse solidéu, como diz a palavra, só se tira para Deus, por isso *solo Deum*, solidéu. Na hora da consagração, mesmo o papa o retira, porque existe um ponto de entrada e saída de energia — isso é ótimo para o Mircea Eliade, que trabalhava com a fenomenologia das religiões —, como na teoria dos chacras, dos pontos de entrada e saída de energia do corpo. Existem pontos assim quase que universais nas religiões, inclusive o alto da cabeça.

A Consagração, a bênção judaica e rituais que envolvem essa questão da cabeça têm uma simbologia poderosa. Somos seres verticais, bípedes imperfeitos que andam sob duas patas mas têm dores nas costas, coisa que os orangotangos não têm. Ao menos não reclamam.

MG: É verdade. A cabeça erguida, mais perto do céu.

LK: Exatamente. E com esses chacras, que às vezes fazem parte do discurso da medicina tradicional, voltamos sempre a esse campo cinzento do conhecimento. A medicina tradicional chinesa está cheia de questões distintas da medicina científica, como a ideia de, por exemplo, esterilização. Mas a acupuntura funciona, ela é científica;

imobiliza a dor, alivia o paciente. Quando associada à eletricidade, parece que a eficácia é ainda maior. E o efeito placebo nunca pode ser desconsiderado, em qualquer tratamento, porque se o placebo tem eficácia científica, no sentido de autossugestão pelo menos, não podemos desconsiderá-lo.

É o leite quente que faz dormir ou é a memória associada ao calor do leite da mãe? O que faz de fato dormir, o carinho ou a sinestesia dessa memória? É difícil dizer. Eu, que tenho certa intolerância à lactose, prefiro o meu chá, que surte o mesmo efeito.

MG: Eu não tomo leite há muito tempo, já me "desamamentei" de forma completa.

LK: Eu sou um mamífero adulto, também não tomo leite.

MG: Nós conversamos sobre a questão da verdade, a questão da criatividade como expressão profunda do humano, sobre a natureza da fé e a relação do racional com o espiritual.

Voltando ao nosso foco de agora, acho que seria perfeito continuar nossa conversa falando sobre uma questão que, para mim, é essencial. Sempre foi essencial, obviamente, mas diria que hoje ela tem várias dimensões de atuação: a noção da liberdade.

O que é liberdade? Como expressar essa liberdade? Como respeitar a liberdade dos outros? E, como nós dois temos uma afinidade — você profissionalmente; eu amadoristicamente — sobre a questão da história, como tratar a questão da liberdade historicamente? Se você examinar a maioria dos meus livros, verá que têm uma estrutura histórica, que seguem a evolução das ideias sobre determinado tema. Não é à toa que muito da minha pesquisa é sobre cosmologia, a tentativa científica de reconstruir a maior das histórias, que é a história do universo.

SOBRE A LIBERDADE

E a questão da liberdade? Falamos da contextualização cultural dos valores, da sua evolução histórica, algo que consideramos verdadeiro hoje, e que no passado poderia não ser, e vice-versa. Liberdade é um conceito que também é fluido, histórica e contextualmente. Liberdade de quem? Quem decide quem é livre e quem não é?

Como fizemos com a conversa sobre a fé e a ciência, seria interessante você começar traçando uma breve história da ideia de liberdade, talvez em culturas diferentes, para entendermos a contextualização do que significa "ser livre".

LK: No verbete "liberdade", no *Dicionário filosófico* de Voltaire, ele — que é um grande jornalista da Filosofia, um homem de ideias e divulgação muito boas — começa perguntando o seguinte: "Um canhão explode ao meu lado. Eu sou livre para não ouvi-lo?"

Essas questões sobre contingência, sobre liberdade de fato... A crença na liberdade humana, definida pelo racionalismo renascentista; a crença em um ser humano que pode guiar o seu destino, ressuscitada no debate em torno da ideia de empreendedorismo contemporâneo ("você é livre para construir seu destino, sua formação"; "você é rico se quiser, pobre se desejar"; "você vai para onde quiser"), essa crença recebeu vários abalos.

Os principais vêm da psicanálise, quando mostra que as nossas ações estão muito condicionadas, não determinadas, por experiências prévias. Na verdade, a imersão da criança no discurso ocidental; a *Didactica magna*, de Comenius; o livro *Emilio*, de Rousseau; as pinturas de madame Vigée-Le Brun mostrando crianças, pela primeira vez, em situações especificamente infantis e no colo das mães — todo esse movimento dos séculos XVII, XVIII e XIX fez surgir uma criança que passa a ser um determinante da liberdade do adulto. Esta seria a versão psicologizante: proteger a criança para que o adulto não tenha traumas.

A HUMANIDADE EM BUSCA DE SI

Os traumas são limitadores. E o mesmo Freud vai definir que sem traumas não existe cultura, e sem traumas não existe a nossa civilização.

Mas acho que a noção de liberdade envolve vários conceitos. O primeiro, por exemplo, se desenvolve como liberdade política. Na Grécia, era um conceito estendido a um grupo pequeno. Na época de Péricles, apenas 10% da população de Atenas, homens filhos de pai e mãe atenienses, maiores de 18 anos, eram livres, excluindo então metecos — os estrangeiros —, escravizados e mulheres. Quando a Constituição norte-americana é feita, em 1787, ela fala muito dos conceitos de liberdade. As dez primeiras emendas da *Bill of Rights*, a declaração feita onze anos antes, 1776, falam de conceitos de liberdade, "cremos por evidências as seguintes verdades", fazendo eco com John Locke nas Treze Colônias, mas excluindo da participação política as mulheres, os pobres e os escravizados — como na Grécia, a maioria da população.

Liberdade política no Ocidente é a extensão de uma concepção do homem branco a todos os grupos humanos, todos os gêneros, todas as identidades étnicas. Quer eu considere a Grécia uma fonte de democracia, os Estados Unidos o primeiro regime do Novo Mundo democrático ou a Revolução Gloriosa de 1688-1689, vou estender a liberdade a mais gente com o voto feminino, com o voto universal, com a abolição da escravidão nos Estados Unidos, 13ª e 14ª emendas — ou seja, eu trabalho com a extensão da liberdade.

A ideia grega relida na Idade Moderna se transforma a partir da Revolução Francesa de 1789 em uma ideia universal. Afinal, é a Declaração dos Direitos do Homem e do Cidadão, mas ainda limitada porque não inclui mulheres, por exemplo, mas suficientemente forte a ponto de a França ter abolido a escravidão nas colônias, que Napoleão restaurou posteriormente para fazer com que a economia do atual Haiti se recuperasse do abalo econômico. Portanto, na parte política, a questão da liberdade é entendida como uma extensão.

SOBRE A LIBERDADE

Quando digo que "vidas negras importam", estou dentro do princípio de que a dignidade da cidadania, fruto da liberdade política, é extensiva também às pessoas negras. Ou seja, que aquele sonho WASP, branco anglo-saxão protestante, que gerou os Estados Unidos, não seja mais o parâmetro de humanidade e cidadania. Essa recusa significa incluir seus seres humanos outrora escravizados como cidadãos, ainda que, em diversos setores, eles não sejam incorporados pelo sistema.

Quando falo de feminismo, quando eu falo de direitos de grupos homoafetivos, estou estendendo o princípio de cidadania, originalmente dos cidadãos brancos.

Já o campo da liberdade interna é um pouco mais complexo. Como eu disse, Freud abalou a nossa concepção de liberdade porque nos mostrou muito dependentes na infância e muito dependentes de ações infantis.

Por que eu gosto de tal prato? Por que o Leandro ama strudel? Porque me refere à minha avó, ressuscita a minha avó. Era o melhor strudel do mundo? Acredito que nem entre os mil primeiros, mas tem um sabor de infância que Marcel Proust tornou literatura nos bolinhos madeleine no chá de tílias na sua obra. Ou seja, aquela memória que está também no desenho *Ratatouille*, que eu adoro — quando o azedo crítico de arte vai comer o ratatouille e acaba percebendo que ali havia um sabor infantil, de uma idealização da infância que o adulto constrói. É que o desejo da criança é só e exclusivamente virar adulto, enquanto o adulto lembra da infância como um período de felicidade, uma idade de ouro.

Nesse processo, hoje, não falamos mais apenas de liberdades políticas, mas de liberdade interna de decisão, ou seja, removendo seus obstáculos psíquicos. Isso está presente na filosofia, na psicanálise e nos discursos de autoajuda. E toda essa ideia de liberdade, tanto política quanto interna, dialoga com uma crença no poder humano, uma crença de que o ser humano é capaz de criar o Paraíso.

MG: Fantástica essa colocação. Existem dimensões diferentes mas complementares da ideia de liberdade, do político ao individual. Os demônios vêm de dentro e de fora. Liberdade ligada ao sonho de perfeição do humano. Bem utópico.

LK: Os conservadores, especialmente o pai deles, Edmund Burke, historiador inglês, nas suas *Reflexões sobre a revolução na França*, livro de 1790, insiste que é cético com relação à perfectibilidade humana. Ele é cético sobre a capacidade humana e é por isso que o presente é um compromisso entre o passado e o futuro: não posso destruir tudo o que recebi, nem refazer tudo para o futuro.

Os conservadores contemporâneos vão insistir que não é função do Estado criar o Paraíso, mas evitar o Inferno. A liberdade absoluta só pode ser concebida na ideia de Deus, ou seja, um Ser onisciente, onipotente, onipresente. Mas a liberdade em construção e passível de melhora é uma das nossas questões paradoxais.

Um exemplo, só para encerrar e suscitar o debate: a Alemanha de hoje é uma democracia, mas o atual governo alemão democrático tem mais informações sobre o cidadão alemão do que Hitler dispôs entre 1933 e 1945. Sabe o que ele compra, sabe onde está, sabe sua biometria, ou seja, nós hoje estamos mais ligados a sistemas que nos controlam, em plena democracia, do que no passado.

Então, um americano médio, aí onde você está hoje, tem menos autonomia e direito à individualidade do que tinha um cidadão branco da Virgínia colonial em 1750. Assim que George Washington assumiu a presidência, teve que armar tropas para reprimir a Rebelião do Uísque. Os produtores de uísque não queriam pagar impostos. Hoje você não escolhe mais se quer ou não pagar impostos.

SOBRE A LIBERDADE

Nós somos então mais ou menos livres? Ou será que criamos — e eu encerro esta resposta com isso — a ditadura perfeita? Aquela que pressupõe que nós podemos votar a cada dois ou quatro anos livremente, dizer o que queremos dentro de um sistema no qual não temos quase nenhuma liberdade? Ou seja, uma gaiola de ouro, perfeitamente forrada, com tudo de que necessito, e meu maior prazer é informar sobre a minha individualidade nas redes sociais, dizer onde eu estou e informar ao mundo que pode me seguir, me controlar, ver as fotos do que consumo, declarar aquilo que estou fazendo e assim por diante.

Essa seria a forma mais brilhante de ditadura, a que nós inventamos com esse Estado novo de bem-estar que criamos e ainda com este discurso: "Se está dando errado, a culpa é sua. A culpa é exclusivamente sua."

MG: Então, parece que a questão essencial por trás do significado do "ser livre", da liberdade, é que o ser humano é uma criatura naturalmente perigosa, que destrói, que mutila, que mata. Mas também que cria, que ama e que nutre sonhos de uma vida melhor.

Dado isso, quando nossos antepassados se organizaram em grupos, esses grupos necessitavam, obviamente, de uma ordem que estabelecesse a possibilidade de as pessoas sobreviverem a si próprias, a elas mesmas. As leis, então, passaram a ser importantes, para que conseguíssemos coexistir em grupos cada vez maiores de pessoas, mesmo sabendo que a capacidade destrutiva do ser humano é gigantesca.

Portanto, o compromisso com a liberdade vem da nossa própria incapacidade de sermos moralmente... não diria perfeitos, mas pelo menos de nos aproximar de uma perfeição em que respeitamos o outro da mesma forma que nos respeitamos. As leis são produto da nossa incapacidade de agir moralmente. O compromisso com a liberdade vem deste paradoxo moral: as leis nos permitem, até certo ponto, a liberdade de coexistir socialmente. Elas definem os parâmetros do que significa ser livre numa sociedade. Quanto mais controladoras as leis, menos liberdade para o cidadão. O que você levantou tão bem, é que essa visão, hoje, se transformou numa ilusão. O Estado controla digitalmente, por trás de um véu de liberdade democrática.

Quase todas as religiões pregam o ideal que quase ninguém respeita, o que chamamos em inglês de *Golden Rule* (regra de ouro ou ética da reciprocidade), que é a ideia que me parece óbvia de que "não faça ao outro aquilo que não queres que faça a ti mesmo". Infelizmente, as pessoas fazem ao outro aquilo que não querem que façam a si mesmas o tempo todo. A injustiça é sempre mais injusta quando cometida contra nós, certo?

A estrutura do Estado, desde os primórdios da civilização agrária, e mesmo até antes, nos grupos nômades de caçadores-coletores, vem necessariamente acompanhada de um sistema legal de imposição de uma ordem que quer controlar o impulso destrutivo e egoísta do ser humano. O Código de Hamurabi, da antiga Babilônia e os Dez Mandamentos de Moisés são isso — uma coordenação legal dos comportamentos que são aceitos ou não numa comunidade de indivíduos.

A utopia da liberdade — porque para mim a liberdade é uma utopia — existe enquanto sonho porque nós podemos nos imaginar seres perfeitos. Mas, obviamente, na prática, esse é um sonho que jamais pode ser alcançado. Ser livre, me parece, é poder escolher ao que seremos presos.

Um amigo meu, o psicólogo e linguista Steven Pinker, escreveu um livro chamado *Os anjos bons da nossa natureza: por que a violência diminuiu*, em que argumenta que, historicamente, o nível de perigo social está diminuindo. Pinker diz que na Idade Média, na Renascença e até o século XIX, a violência urbana ou em guerras era muito maior do que atualmente. O Iluminismo e a valorização do

SOBRE A LIBERDADE

racional; a elaboração dos Direitos Universais que mencionamos antes; a diminuição da mortalidade devido aos avanços da medicina; a diminuição da fome; a velocidade e facilidade com que as notícias se espalham pelo mundo — tudo isso contribuiu para essa diminuição da violência. Pinker defende uma atitude até positiva com relação a quem somos como seres humanos, dizendo que as instituições democráticas tendem a nos tornar mais livres e "safos", comparativamente ao que éramos no passado.

A escravidão, pelo menos no papel, é proibida — mesmo que tragicamente ainda exista na prática e nas práticas de um mundo corporativo focado nos lucros acima de tudo. E, cada vez mais, as diferenças entre as pessoas — mesmo que haja muita resistência, principalmente do homem branco de meia-idade — estão sendo respeitadas. A luta pela justiça social está tomando cada vez mais fôlego.

A visão que tenho de Donald Trump, aqui nos Estados Unidos, é que ele representa o desespero do homem branco moralmente retrógrado, que despreza todos os que não são como ele, que não dividem seus valores e escolhas, ameaçado pelo avanço demográfico do "outro". Ele (e seus seguidores e imitadores pelo mundo) é o último grito dessa fase. Sua própria existência revela o início do fim dessa página da história — mesmo se a história, como você sabe melhor do que eu, evolver em ciclos.

O ponto é que me parece inevitável que o Estado exerça controle sobre as pessoas. A questão é até que ponto isso pode ir. Yuval Harari, de quem você tanto gosta, fala muito sobre o perigo de nos vendermos digitalmente, permitindo que o Estado nos controle cada vez mais. Ele (e muitos outros) tem uma visão extremamente distópica do futuro da humanidade, porque vê que estamos cada vez mais perdendo nossa liberdade à medida que entregamos nossa essência, codificada na informação de quem somos, como você mencionou — genética, biométrica, nossos consumos e hábitos, nossas escolhas sociais e políticas —, ficando à mercê do Estado e das corporações.

No entanto, reunindo o otimismo de Pinker com o pessimismo de Harari, me pergunto se o problema maior estaria não nos dados que ambos citam com maestria, mas no fato — e isso me parece claro — de que, apesar dos avanços tecnológicos e sociais, continuamos moralmente ainda nas cavernas. Dadas as guerras vigentes mundo afora, os estupros, a violência contra crianças e animais, a pobreza de bilhões, a violência contra o ecossistema planetário, a ganância econômica que ultrapassa todos os valores de igualdade quando pega no bolso de cada um, a hipocrisia dos políticos que buscam o poder em nome da defesa da liberdade dos outros e prontamente se esquecem de suas promessas até o próximo voto, me parece que o instinto que ainda domina as ações da maioria das pessoas é o de sobrevivência num mundo ameaçador e violento. Seria o princípio evolutivo da sobrevivência do mais forte atuando dentro da dinâmica social humana. O que nos falta é uma revolução moral antes de qualquer outra.

Aqui nos Estados Unidos, um exemplo são os assassinatos múltiplos, considerados assassinatos em massa. A vida humana, ou qualquer outra, continua sem valor. Enquanto continuarmos dessa forma, existe algum outro mecanismo de governo viável que não se baseie no controle desse nosso ímpeto destrutivo? O que aconteceria com a sociedade se abolíssemos as leis, a polícia, os exércitos...?

LK: Bom, há tantas questões em que tocamos a cada ponto. Harari, como você mencionou, tem um tipo de materialismo analítico que não é o marxista, mas que se baseia na objetividade de um ser humano submetido a enzimas, hormônios, pressões e narrativas. Talvez seja o materialismo mais materialista que já vi, porque, afinal, o de

SOBRE A LIBERDADE

Marx conduz a uma espécie de "paraíso", que seria o comunismo na concepção marxista, e Harari não conduz a esse paraíso.

MG: Ele com certeza não tem ou não oferece uma visão que vá nos salvar.

LK: Mas, curiosamente, existem também as visões otimistas. O livro *Humanidade,* do historiador holandês Rutger Bregman (que tem na contracapa uma observação elogiosa de Harari), assume uma posição contrária, profundamente otimista. Ele contesta, um a um, vários experimentos para pensarmos na maldade do ser humano — por exemplo, o experimento de Stanford sobre guardas e prisioneiros que se tornou padrão —, usando certa leitura de Hannah Arendt, da "banalidade do mal". A ideia é que tanto no experimento de Stanford quanto em todos os experimentos do tipo há erros metodológicos importantes.

Bregman fala dessa "teoria do verniz", que é a teoria hobbesiana de que nós somos civilizados. Você aí e eu aqui somos civilizados porque estamos bem alimentados, temos casa, família, estrutura. Mas retire esse verniz e nós viramos neandertais furiosos de machado na mão.

A teoria do verniz chegou a provocar táticas de guerra, segundo Bregman. Na Segunda Guerra Mundial, quando indiscriminadamente os nazistas bombardearam Londres, mesmo sem objetivos militares ou de logística, atingiram bairros residenciais para provocar o caos. No meio de uma guerra, o que supõe esse tipo de bombardeio? Que as pessoas vão começar a derrubar o governo, a entrar em desespero. E ele nota que, na Londres bombardeada, existe até a manutenção de um certo humor: uma livraria que teve toda a frente destruída coloca um cartaz que diz "Estamos mais abertos do que nunca".

A HUMANIDADE EM BUSCA DE SI

Bregman coloca o mesmo para o bombardeio aliado sobre Hamburgo, em uma tática de bombas incendiárias, cujo objetivo era destruir a moral do inimigo através do terror. Ou seja, a teoria do verniz não se verifica. Ele analisa a história de *O senhor das moscas*, que deu o Prêmio Nobel de Literatura a seu autor, William Golding. Essa história fictícia corresponde à nossa concepção de ser humano — meninos ingleses, protótipo da fleuma, que, isolados em uma ilha, se tornam monstrinhos. Bregman compara a história de Golding com a de um grupo de meninos ingleses que naufragou no Pacífico e passou muitos meses numa ilha deserta. A história desse naufrágio, que é verdadeira, é de muita organização social: eles sobreviveram bem, saudáveis, e em uma harmonia social profunda. Então por que preferimos o relato mítico de *O senhor das moscas* em vez do verdadeiro, de harmonização?

Bregman também estuda uma prisão da Noruega, totalmente aberta e simpática, e mostra como essa prisão acaba recuperando mais os presos do que as prisões repressivas. Ou seja, a teoria hobbesiana, do homem como lobo do homem, destruidor do próprio homem, corresponde a uma determinada visão de mundo, mas é contestada por outras pessoas.

E nós perdemos um pouco o viés do significado do que é o bem, devido à imprensa, ao que se torna uma notícia. Se, esta noite, um milhão de pais ficar no quarto do seu filho insone, acalmando seu medo do escuro, isso não será notícia. Mas se um pai, entre um milhão, matar o filho durante essa crise de insônia, isso sim será notícia, levando a uma falsa percepção científica de que o mal domina, já que o bem não ocupa manchetes.

Com isso, temos uma amostra estatística viciada, que faz com que as pessoas, ao lerem o jornal, construam um imaginário deformado sobre o humano. A maior parte das pessoas andará pela rua sem assalto.

SOBRE A LIBERDADE

Mas concordo com você em que, apesar dos problemas, hoje vivemos numa situação melhor do que há trezentos anos, em qualquer indicador. Por exemplo, há uma estimativa do número de ladrões, prostitutas e mendigos na Londres do século XIX que é tão assustadora que você duvida das fontes. Hoje há mendigos em Londres, há prostituição, mas, como já andei muito pelas ruas de Londres, confirmo que a chance de assalto ou morte é muito pequena. Em *A vida quotidiana em Florença no tempo dos Médicis*, o autor lembra que sair à noite em Florença sem guardas, tochas e armas era muito perigoso. Hoje ainda existem assaltos, especialmente aqui no Brasil. Eu moro em São Paulo há três décadas e nunca fui assaltado na rua, mas há uma chance de você ser assaltado, coisa que era mais difícil de acontecer.

Houve uma mudança na nossa reação a genocídios e a estupros que continuam ocorrendo, ao racismo e a guerras terríveis: hoje nós julgamos genocidas. Nós fazemos tribunais em Haia ou em Nuremberg; fazemos tribunais de ética internacional.

E nós não deixamos de matar, mas vivemos mais. Em 1900, o homem europeu médio vivia quarenta anos. Isso quase dobrou no ano 2000, e o mesmo Harari profetiza 120 anos a partir de quem nasceu no século XXI — o que significa um novo tipo de humanidade.

E as zonas azuis, que o médico Pedro Schestatsky identifica no livro *Medicina do amanhã* (ilhas como Okinawa, Icária, Sardenha e algumas regiões da Costa Rica), têm centenários em uma proporção muito grande. O que provoca esse equilíbrio da vida a ponto de gerar tantos centenários e, inclusive, supercentenários, com mais de 110 anos?

Nós podemos fazer idealizações do passado. Pegando um pouco o filme *Meia-noite em Paris*, de Woody Allen, seria ótimo visitar a Belle Époque, quando pudesse conversar com Toulouse-Lautrec, por exemplo. Mas é um mundo em que ainda não havia penicilina, nem analgésicos eficazes, as vacinas ainda eram mais limitadas, e as mu-

A HUMANIDADE EM BUSCA DE SI

lheres não podiam frequentar um curso superior na maior parte dos países, nem tinham direito a voto. Quem viveria nessa linda Paris da Exposição de 1900, onde havia ainda um sistema colonial que provocava as atrocidades no Congo, a fome na Birmânia inglesa, atual Myanmar? Quem faria isso?

Há menos pobres na Índia hoje do que há cem anos, e há menos pobres na China. A incorporação da classe média chinesa e indiana foi extraordinária. Nunca tivemos tão poucos analfabetos no Brasil como agora, apesar de ainda haver o analfabetismo. Mas quem voltaria ao período de 1900, quando a maioria absoluta da população era de analfabetos?

Sim, ainda temos problemas. E o principal problema é que a nossa tecnologia, hoje, tem o poder de destruição que nenhum invasor mongol ou nazista suporia na sua época. Nós podemos destruir não apenas a cidade do inimigo, como também o planeta como nós o conhecemos. Claro, eliminada a vida no planeta, em alguns milhares de milhões de anos, ele vai se renovar. Pelo menos dizem que as baratas sobreviverão à radioatividade, e teremos uma nova humanidade... de baratas. Na verdade, o risco é para nós, não para o planeta.

MG: O planeta pouco se importa com a nossa presença ou não. O planeta não tem uma teleologia, não tem uma mentalidade, não tem nada disso. Essas são só projeções humanas. O planeta existiu durante 4,5 bilhões de anos sem que nós estivéssemos aqui, e muito bem, obrigado.

Na verdade, é a nossa presença aqui que interfere com outras formas de vida de uma maneira profundamente destrutiva. Isso nos conecta com a ideia de liberdade e o atraso moral da humanidade, apesar dos progressos que você listou anteriormente, e do foco no negativo e não no positivo.

SOBRE A LIBERDADE

O aumento da expectativa de vida humana devido ao desenvolvimento da medicina, do saneamento, da revolução agrária, que multiplicou exponencialmente a produção de alimentos, à melhor distribuição de renda, isso tudo que você já mencionou, de certa forma, é um elogio à ciência. Tudo isso ocorreu e está ocorrendo porque a ciência avançou espetacularmente nos últimos 150 anos e impactou a sociedade de várias formas.

Descobrimos que infecções podem ser evitadas com esterilização, o que mudou a taxa de mortalidade infantil durante ou após o parto de uma forma radical no final do século XIX. O mundo, hoje, é produto de uma revolução digital que se deu devido ao sucesso da física quântica durante as primeiras décadas do século XX. A lista é muito longa.

Certamente, não podemos ou devemos descartar isso; mas devemos, também, lembrar, como você mencionou, que existe o lado luz e o lado sombra da ciência. Sempre celebro essa dualidade em que existe o lado luz e o lado sombra das coisas. E me parece que as pessoas hoje estão começando a se sentir ameaçadas pela ciência, porque é justamente através da ciência, do desenvolvimento de tecnologias digitais, do desenvolvimento de vacinas, que o Estado pode ou não impor diretrizes que afetam ou podem afetar a suposta liberdade de escolha das pessoas.

Por exemplo, a questão da vacina é complexa aqui nos Estados Unidos e para muita gente no Brasil. Em meados de 2022, um estudo nos Estados Unidos mostrou que 99,5% das fatalidades de covid-19 na época eram de não vacinados. Mesmo assim, 50% da população americana, em média, não quis se vacinar. E os protestos que vemos com relação a isso proclamam: "Não queremos a tirania do Estado; o Estado não deve impor o que as pessoas devem ou não fazer."

Esse tipo de atitude revela uma profunda confusão entre liberdade e dever cívico. Os que acham que a diretriz do Estado de aplicar vacinas na população lhes "rouba" a liberdade, e não entendem que o maior exercício de liberdade aqui é ser livre para poder agir em função do bem comum. É se proteger para proteger os outros.

Quando a vacina é vista como um instrumento que pode beneficiar a sociedade como um todo e, mesmo assim, escolhe-se não tomar a vacina porque acha que o Estado está interferindo na sua liberdade, isso demonstra um egoísmo ou uma falta de compreensão de que se vacinar é uma escolha mais humana, não só para você, mas para todos à sua volta.

Vemos, com isso, um exemplo bem atual e claro de como as pessoas confundem o que significa liberdade, por falta de uma ética que entenda o bem-estar de todos como o bem comum de maior valor. A sua qualidade de vida depende da qualidade de vida de todos à sua volta.

LK: É. Existem divergências filosóficas sobre alguns desses pontos que eu vou abordar.

Por exemplo, os estoicos, que eu estudei muito no passado, defendem o direito ao suicídio. Sêneca é um exemplo disso. Ele decidiu se matar, em função do rumo que tomou o seu aluno Nero.

Muitos filósofos defendem esse "supremo direito" de eliminar a própria vida. Albert Camus o chama de grande questão filosófica. Mas o suicídio é condenado quase que universalmente por religiões e por filosofias. Então, sim: "Eu tenho o direito de não me vacinar, porque compartilho da ideia estoica de que tenho direito ao suicídio, o direito de levar a minha vida do jeito que quiser."

Porém, qual o limite disso?

Não vacinado, eu posso contaminar outras pessoas. Então o meu direito tem que ser tolhido, limitado, do mesmo modo que não posso andar nu na rua, porque há pessoas que se chocariam (ou ririam, provavelmente). Não posso andar nu na rua, porque eu "agrido" outras

SOBRE A LIBERDADE

pessoas. Então aceito que o Estado determine regras de punição para atentado violento ao pudor, ou seja, não tenho a liberdade sobre o meu corpo de expô-lo na rua.

Nos Estados Unidos, ainda que isso varie em alguns lugares, também não tenho a liberdade de educar meu filho com tapas — a lei americana é muito precisa sobre isso. Mesmo tendo direito jurídico como pai, não tenho a liberdade de educá-lo de acordo com a minha concepção, que poderia incluir coerção física.

Não tenho o direito, por exemplo, de me casar com mais de uma mulher ou mais de um homem. As leis proíbem a poligamia, o que foi um problema com os mórmons de Utah, na inclusão da União.

Enfim, eu aceito que o Estado limite tudo, porque há uma regra democrática para a convivência.

Contudo, bato o pé por causa da vacina. Nós estamos lidando com uma outra coisa que não é liberdade, mas com a imersão de um tipo de conhecimento e atitude muito contemporâneo ligado às redes sociais, à atomização do conhecimento e à equiparação entre argumento e opinião. Esse talvez seja o grande drama contemporâneo.

O argumento é complexo. Você, Marcelo, estudou três décadas para formular argumentos na sua área. As opiniões, por outro lado, eu emito o dia inteiro, com base em sensações, em intuições, e assim por diante. A opinião é livre e subjetiva; o argumento pressupõe algo verificável e demonstrável além do meu simples gosto subjetivo.

Agora a internet equivaleu argumento e opinião. Você, especialista consagrado na sua área, emite um argumento, e ao lado do seu argumento está o grupo do Tiozão do Zap, que no churrasco de domingo diz que você está errado. E o Tiozão do Zap, ágrafo na sua área, ignorante na sua área, ao obter acesso à publicação, atualizando a praga que Umberto Eco profetizou lá atrás, transformou a opinião dele em argumento.

A HUMANIDADE EM BUSCA DE SI

Essas coisas me espantam. Tenho uma amiga muito culta, muito mais do que eu, poliglota, lê em várias línguas. Ela viu na internet que havia uma cidade italiana onde um médico, de idade avançadíssima, afirmou que um paciente vacinado com determinada vacina contraiu o coronavírus. Logo, ela pega esse exemplo que a sua cultura extrema a fez acessar e diz: "Eu não quero tomar vacina porque ela pode me fazer pegar a doença."

A universalização do caso particular é tipicamente um erro em ciência, a universalização da exceção. Por exemplo, a cada milhão de cachorros vacinados contra a raiva, um morre de raiva. Pegar esse exemplo de raridade estatística e transformá-lo em regra absoluta é sinal de que divulgamos a *informação*, mas não conseguimos democratizar a *formação*. E aqui, após a primeira confusão entre "*doxa*", que é opinião, e argumento, entra a segunda confusão, que se dá entre ter acesso à informação, que é livre no mundo de hoje — felizmente —, e ter formação.

Mesmo uma autoridade como você, Marcelo, na sua área, para que seu argumento seja validado, precisa de um debate com seus pares e certo consenso.

E sempre haverá historiadores, por exemplo, na minha área, que vão dizer algo contrário a tudo o que é dito. E isso é bom, e é importante; essas pequenas heresias são fundamentais na área do conhecimento. Mas para que se transforme em um princípio, são necessários critérios validáveis.

Por exemplo, qual a taxa aceitável de colesterol, que vem caindo ano a ano? Ela vem caindo dessa forma porque a ciência faz novas pesquisas e também as metapesquisas, dirigidas para quem não é da área, que são pesquisas sobre pesquisas, aumentando assim a capacidade de afirmação. Ainda assim, é muito mais fácil saber que a prima do vizinho de uma cunhada de uma pessoa que trabalha comigo ouviu falar que, após ter tomado a vacina, alguém contraiu a doença. Então, eu transformo essa experiência subjetiva e talvez hipotética — porque tem tanto telefone sem fio por aí que talvez seja hipotética — em regra universal.

E essa é uma questão muito importante para entender o ser humano. Nós não somos animais apenas racionais, não somos apenas políticos, como queria Aristóteles. Nós somos também portadores de um cérebro reptiliano; respondemos ao medo, aos medos coletivos. E, quando crianças, somos mais sinceros, temos medo do escuro. Quando adultos, ficamos hipócritas com os nossos medos. Não conseguimos mais dizer "não consigo dormir porque está escuro" e eu passo a dizer que "não consigo dormir porque o Estado está me mandando tomar vacina". E não consigo perceber que isso é uma falsa ilação, é uma farsa. Ou seja, o que me obriga a tomar vacina é uma coisa chamada cidadania, para o bem-estar dos outros.

Vou me lembrar da tradição religiosa, quando Abraão fala com Deus e diz: "Eu e toda a minha família serviremos ao Senhor." Abraão decide por toda a família, inclusive circuncidar toda a família. Eu diria assim: "Abraão, serve ao Senhor sozinho, depois você discute com Sara e pergunta se ela acha aquilo legal." Mas, é claro, isso é Betty Friedan e Simone de Beauvoir, não é o Gênesis.

MG: O problema dessa ideia da individualização da liberdade na linha "eu tenho a liberdade de fazer o que quero com algo que afete só a mim" é que nós vivemos em um mundo em que poucas coisas que você faz afetam somente a você. Esse é o problema, certo?

LK: Eu faço essa distinção, porque não tenho raiva de terraplanistas, que eu acho superdivertidos. Já acompanhei um congresso deles, com canecas e camisetas. Os terraplanistas são fascinantes — muito melhor do que os que acreditam em unicórnios. E não vejo problema porque não acho que prejudiquem alguém. Estão planejando expedições às bordas do planeta para ver onde termina. É fruto do tédio aliado à internet. Eles me dizem que a ideia de mundo como apresentada pela Nasa é uma forma de dominação. Não consigo entender por que a Terra, com forma geoide, é mais fácil de dominar do que com forma plana. Em todo caso, deve ter lógica nisso.

Muito diferente de um terraplanista é alguém que nega vacina. E negação de vacina de filho deveria ser causa de perda do que antes se chamava de pátrio poder — hoje essa expressão está em desuso no Direito brasileiro —, deveria ser causa de perda da guarda sobre o filho. Se você o expõe à paralisia infantil, por uma crença hipotética, burra, estúpida e antiga, você não pode criar filhos.

MG: Estão ocorrendo casos mortais de sarampo nas comunidades ortodoxas do Brooklin, em Nova York, exatamente pelo mesmo motivo. Já os antivacina da Califórnia acham que vacina causa autismo.

Esse tipo de atitude é fruto de uma falta de confiança na comunidade científica. Para essas pessoas, a ciência representa uma forma de opressão. Muito hipocritamente, porque falam isso usando seus laptops e celulares, aparelhos que são produto da ciência que criticam. As vacinas mudaram o mundo, literalmente. Salvaram bilhões de vidas em um século. Não há como duvidar disso; mas, como você disse, com a internet, opinião vira conhecimento. Isso, sim, é perigoso, porque vidas estão em jogo.

LK: Eu acho que tem base para isso. É só lembrar que um dos pioneiros da higiene médica, doutor Ignaz Semmelweis, no Império Austro-Húngaro, morreu internado em um hospício porque dizia que os médicos tinham que lavar as mãos para evitar febre puerperal entre um parto e outro. Ele não foi perseguido pela população do interior da Hungria ou da Áustria; ele foi perseguido pelos médicos, pelos seus

SOBRE A LIBERDADE

pares. Semmelweis foi vítima de uma ideia correta. E todos os outros pioneiros defensores da higiene médica, como o doutor Lister, sofreram muita resistência, porque também a ciência comete equívocos, como no caso citado da talidomida. Poderia pensar também na baía de Minamata, no Japão, poluída com o mercúrio pesado, e em outras experiências em que a ciência malconduzida produz mais mal do que bem.

Tenho uma experiência pessoal quase divertida. Passei a infância inteira com um diagnóstico de "pé chato" e tive de usar botas ortopédicas. Deixei de servir ao Exército por causa disso. E aqui, em São Paulo, lá por volta de 2010, tive um outro problema, neuroma de Morton, e fui a um médico ortopedista. Lá eu informei, ao entrar no consultório: "Tenho pé chato." O médico afirmou: "Não. Isso não existe mais." Eu disse: "Como assim, não existe mais?" "Hoje o pé chato é considerado como 'olho claro'; não é 'defeito', é uma conformação específica de um pé que não descreve o arco médio dos outros pés."

Ou seja, nós mudamos o paradigma da doença. Isso não é sinal de que a medicina não presta, mas de que evolui, que entendeu que aquilo que se fazia na minha infância, de imobilizar o braço esquerdo dos canhotos para que usassem só o direito, supostamente o "correto", por exemplo, era uma intolerância com minorias genéticas, uma questão muito grave. Hoje superamos uma parte disso. O que amo na ciência é que, voltando a Einstein, ela reflete o estado atual dos nossos erros, enquanto outras formas de pensamento são permanentes. Essas afrontas ocorrem por não sermos apenas racionais.

MG: Exatamente. E o que fazemos com relação a isso? Vivemos com uma crise de credibilidade nas estruturas de conhecimento e nas estruturas de poder?

A HUMANIDADE EM BUSCA DE SI

Parece que essas duas coisas, estruturas de poder e de conhecimento, se misturam na cabeça das pessoas. Com isso, a rejeição do domínio do poder está sendo redirecionada para a rejeição do conhecimento científico e das pessoas que detêm esse conhecimento, apesar dos paradoxos e inconsistências absurdas, como terraplanismo, ou não se vacinar.

Se eu perguntar para uma pessoa: "Você duvida da ciência, mas viaja de avião? Como você pode viajar de avião, que é uma máquina cujo funcionamento depende de várias áreas diferentes da ciência, desde a química da transformação do petróleo em combustível, das leis da aerodinâmica, da metalurgia e da física dos materiais? Que usa GPS e radar, e telecomunicações avançadas? Como você pode pegar um avião, usar seu celular e tomar seus antibióticos e, ao mesmo tempo, não tomar vacina porque acha que vai fazer mal? Qual a fonte dessa sua informação? Qual a sua credibilidade científica?" A pessoa vai citar algum achismo qualquer, sem a menor validação empírica, acreditando na opinião de alguém completamente incompetente na área. Essas inconsistências para mim é que são preocupantes.

A questão é o que fazer com isso. Você tem uma presença enorme na mídia social brasileira, assim como tantas outras vozes. Acredito que é nosso dever cívico informar as pessoas, passar conhecimento de qualidade, por pessoas que têm credibilidade nas suas áreas de atuação. O que tenho visto é que a narrativa do medo, do catastrofismo, não funciona. Eu me refiro à narrativa baseada nos dados, que é como cientistas tendem a pensar: "está acontecendo *isto* e, se não prestar atenção, vai acontecer *aquilo* com você", em geral prevendo um cenário distópico, cataclísmico. Esse tipo de conversa não está convencendo ninguém, mesmo se devesse.

Nós vemos isso, por exemplo, com o aquecimento global, com as narrativas cataclísmicas sobre as consequências do aquecimento global.

SOBRE A LIBERDADE

Até que 2 milhões de cariocas invadam São Paulo, porque a orla marítima vai se atrofiar, ninguém vai "acreditar" nisso. E o problema é que não se trata de acreditar ou não. Esses cenários distópicos são projeções realistas de modelos supersofisticados do que virá a acontecer.

Qual é a narrativa que funciona, que impacta as pessoas a ponto de elas tomarem uma posição mais ativa, a mudarem hábitos e escolhas em prol do bem comum? Qual a narrativa de um futuro em que a humanidade vai se mobilizar para sobrepujar esses problemas que estamos enfrentando agora, que são seriíssimos?

LK: Eu tive algumas pistas lendo um livro de um colega seu, Carl Sagan, intitulado *O mundo assombrado pelos demônios*.

MG: Gosto muito desse livro.

LK: Eu gostei do texto e pensei o seguinte: todas as pessoas têm — inclusive você e eu — apreensões seletivas do real. Todos nós temos ideologias, formações, fatores limitantes e lentes para encarar o real.

Nossa função é tentar ampliar isso tudo através de coisas como este livro, o segundo da coleção *Segredos da vida*, as conversas que estamos fazendo juntos, e outras atividades nos nossos espaços na mídia. Nós fazemos *live*, nós fazemos livros, nós damos entrevistas e palestras, sempre nessa luta permanente. Há um problema específico que é a polarização política do conhecimento. Não era assim antes, mas é assim hoje.

Por exemplo, ando estudando um momento da história do século XVII em que a rainha Cristina, da Suécia, convidou Descartes para lhe ensinar geometria. A governante de um país chama um geômetra francês para lhe ensinar geometria, e porque a rainha tinha hábitos muito matinais e Descartes não, ele acabou morrendo de pneumonia na Suécia.

MG: Parece que ele ia às 4 horas da manhã para o castelo mesmo durante o inverno sueco, não era assim?

LK: Exatamente. E foi demais para ele. Aliás, o lema filosófico de Descartes era "*larvatus prodeo*", algo como "eu avanço pelo mundo mascarado". Uns achavam que era a situação do filósofo racional em um mundo de falsas crenças; outros, que era sua vocação inicial de soldado. Hoje, andar pelo mundo mascarado parece profecia da covid-19.

Da mesma forma, quando Frederico, o Grande, rei da Prússia em meados do século XVIII, chamou Voltaire para a sua corte, demonstrou uma preocupação do Estado com as vanguardas, mesmo de Estados autoritários como os de Cristina e Frederico, de déspotas esclarecidos. Hoje, acho que superamos essa ideia; nós cumprimos a profecia de Alexis de Tocqueville, de que a democracia tende a colocar pessoas similares à média no poder, o que é uma característica do jogo democrático, e ainda não achamos nenhum melhor que ele.

Nós fazemos um trabalho constante, permanente, construindo críticas sobre o método científico, a confiança na ciência, a busca do melhor resultado. Mas essas são críticas que apontam falhas que buscam fortalecer esses aspectos do conhecimento humano.

Já me sentei para conversar com pessoas que me dizem: "Eu como gordura todos os dias porque a minha avó comeu porco a vida inteira (aliás, a minha também) e morreu com 97 anos." Mas sempre lembro de um detalhe importante: a minha avó criava e matava o porco, extraía as partes comestíveis, fazia a comida e, finalmente, comia. Quando ela comia, já tinha gastado 10 mil calorias só para produzir aquele pequeno pedaço de porco; enquanto hoje eu compro carne processada, ultraprocessada, congelada, coloco no micro-ondas e como. Ou seja, o efeito é diferente. Tenho que levar em conta as condições em que ocorre essa experiência e criticar esse senso comum

SOBRE A LIBERDADE

que diz "se a minha avó viveu até 97 anos e nunca tomou uma estatina para controlar o colesterol, é óbvio que as estatinas são inúteis".

MG: Essa é uma conclusão completamente "acientífica". Como dizia o físico Richard Feynman, a ciência é a melhor arma que temos contra o senso comum.

LK: Um famoso brasileiro dizia que não se deve andar de avião, argumentando que foi inventado aqui no Brasil — o avião foi inventado por Santos Dumont —, usa um motor a explosão e é mais pesado do que o ar; logo, não pode dar certo. De novo, é a irracionalidade que domina: avião é mais seguro que carro, mas as pessoas têm mais medo de avião do que de andar de carro, estatisticamente.

É difícil demover as pessoas daquilo que é atribuído a um dito de Einstein: "Que triste esse nosso período, em que é mais fácil mexer num átomo do que num preconceito." Mas coletivamente estamos melhores, porque pessoas da área da ciência, da religião, da política e da educação encararam a tarefa de ajudar com essas questões, corrigindo a própria ciência dos seus erros, corrigindo a política dos seus erros, a religião dos seus erros, e tentando melhorar.

Os cientistas, os professores e os intelectuais são tão vaidosos como qualquer ser humano, talvez um pouco mais. A fofoca no nosso meio é quase que moeda corrente. O ambiente acadêmico é um ambiente tóxico de competitividade, não uma reunião no areópago de gênios humanistas discutindo ideias, mas uma concorrência permanente com insinuações de um sobre o outro. E é desse meio imperfeito que nós passamos de 40 para quase 80 anos na média de vida, que voamos nos ares, que nos comunicamos pela internet e assim por diante.

Já que você citou a Inglaterra medieval, parafraseando a questão da navalha atribuída ao pobre Guilherme de Ockham, que nunca

A HUMANIDADE EM BUSCA DE SI

escreveu exatamente assim, é mais útil usar a ciência para resolver problemas baseando-se em sólido debate humanístico e filosófico do que confiar no grupo de WhatsApp. Esta é a minha navalha de Ockham: vamos seguir o caminho mais rápido e simples, que envolva menos variáveis, porque provavelmente é o mais correto.

MG: Exatamente. Da mesma forma que nós, passageiros, sacrificamos a nossa liberdade de controle quando entramos em uma aeronave, e a grande confusão com relação ao avião e ao automóvel não é a estatística da sobrevivência, que é muito maior, obviamente, nos aviões do que nos automóveis, mas a ideia de que você entrega o controle de sua vida a uma pessoa que não conhece. E, quando está no carro, é você que está dirigindo e tem algum controle sobre isso.

Essa ideia da entrega do controle, um sacrifício de sua liberdade pessoal, de certa forma é uma escolha que as pessoas têm de fazer, baseadas na credibilidade daquela pessoa a quem você está entregando.

LK: Tornei famosa uma historinha de uma turbulência muito violenta que enfrentei. Uma senhora ao meu lado rezava e fazia sinais da cruz muito intensamente. E uma hora ela olhou para mim e perguntou: "O senhor não reza?" E eu disse: "Olha, minha senhora, a senhora está rezando. A área mínima de proteção, eu imagino que me inclua aqui do lado."

MG: "Isso, já reza por mim que vai dar certo."

LK: E eu disse para ela: "O que está em jogo aqui são as teorias de Newton, e não a crença em Deus. Se o avião conseguir, com sua força, superar isso, ele vai. Senão, não vai." Talvez não tenha sido bom ter sido irônico, mas esta é uma das belezas da religião: ela

SOBRE A LIBERDADE

oferece resposta quando não há resposta, e oferece força quando não há potência.

MG: Escolher é um exercício de liberdade. Ter a possibilidade da escolha é uma forma de liberdade e, especialmente, poder escolher ao que vai se prender.

Voltando ao nosso tema, você vai escolher se prender a uma fonte de informação sem credibilidade — opiniões em vez de argumentos? — ou você vai se prender a uma fonte de informação que tem credibilidade e que oferece argumentos racionais, baseados em testes empíricos? Esta é a liberdade de escolha do cidadão: se vai ou não tomar uma vacina; se vai ou não pegar um avião; se vai ou não votar em uma eleição.

Como você falou muito bem, o nosso papel, como intelectuais públicos, é dar voz a esse tipo de conhecimento para um número cada vez maior de pessoas. Isso eu faço com um senso de missão. Mas a escolha final é sempre do indivíduo, até que não seja mais, caso viva em um Estado que decide por você. E isso ninguém quer, não é?

LK: Sim. Eu tenho essa visão otimista de Bregman, do livro *Humanidade*.

MG: Esse livro traz uma visão extremamente otimista da humanidade, algo em que quero acreditar mais do que talvez deva.

LK: É, ele está em ascensão. *Humanidade* é um livro que traz argumentos — o contrário da maioria. Se pegássemos a teoria da curvatura da vara, ele quer desentortar a vara para o outro lado, e então conclui que a humanidade é essencialmente boa.

Bregman pega coisas que eu nunca tinha ouvido falar, como os experimentos com raposas prateadas na Rússia, feitos por um biólogo

A HUMANIDADE EM BUSCA DE SI

que trabalhou durante trinta anos na seleção desses animais e conseguiu produzir cãezinhos. Até aí, é puro experimento genético. Mas esses cãezinhos dóceis — e a raposa prateada é muito selvagem — demonstraram um maior grau de inteligência que as raposas, que viviam em mútua agressão.

Ele quer demonstrar que a bondade humana não nos torna mais imbecis, mas melhores e mais aptos na cooperação e na vivência. Analisa, inclusive, aqueles casos patológicos do nazismo para tentar entender o que leva pessoas a tal nível de maldade, a esse grau de destruição. *Humanidade* nos faz pensar sobre essa questão, ainda que eu não compartilhe de toda a teoria positiva dele, porque acho bem mais fácil ser otimista morando no interior da Holanda do que em São Paulo.

MG: Pois é. Eu sempre digo que a diferença entre o otimista e o pessimista é que o pessimista é aquele cara que entra em campo com o jogo perdido. Nem chuta a bola porque já perdeu; já o otimista é aquele que pelo menos vai tentar ganhar, ele vai entrar em campo e jogar a partida, disputar o jogo da melhor forma que pode.

O pessimista fala: "Não, já perdi o jogo, nem vou tentar." Essa é uma opção de vida muito pobre. Um desperdício da nossa liberdade de escolha.

LK: Minha postura atual diante daquele velho dilema entre o copo meio cheio ou meio vazio é pensar em como nós encheremos completamente o copo de novo. Estou sempre pensando no otimismo estratégico, que não pode ser saudosista nem histérico: se as coisas não estão bem, o que temos que fazer para que elas melhorem? E como diz um velho lema ecológico, aja localmente e pense globalmente.

Então, começo por aqui. Como os colonialistas americanos diziam, a caridade começa em casa. Esse é um lema colonial de que eu gosto.

SOBRE A LIBERDADE

MG: E um copo meio cheio, para quem tem sede, é ótimo!

LK: É ótimo! Mas, em geral, quando não tem a perfeição, você usa isso como justificativa para não fazer mais alguma coisa.

Eu treino, sem qualquer esperança de ser um atleta de padrão olímpico, mas posso melhorar meu desempenho. É muito abaixo de um desempenho de um atleta profissional, mas treinando todos os dias consigo evitar algumas coisas, adiar outras, ainda que o final seja o mesmo de todo mundo: todos morrerão.

E eu quero morrer indo sozinho ao banheiro até o fim, essa é uma meta muito humilde minha.

MG: É uma ótima meta, na verdade. Eu sou um atleta sério, corredor de longas distâncias, especialmente em montanhas, não sei se você sabe disso. Mas é óbvio que não nutro sonhos de ser um atleta competitivo na minha idade. O que faço me faz bem ao corpo e à alma. (Descartes iria gostar disso...) Se vamos morrer, ao menos podemos fazer a morte trabalhar um pouco mais para nos pegar. E, como benefício, melhoramos nossa qualidade de vida, talvez vivendo um pouco mais e podendo ir ao banheiro sozinho até o fim. Pelo menos, esse é o plano. Um plano que certamente é cheio de boas intenções, mas sem a menor garantia de sucesso. Assim devemos viver nossas vidas. Viver com intenção. O sucesso, se vier, é secundário.

AGRADECIMENTOS

Agradecemos ao nosso editor na Editora Record, Lucas Telles, pela energia e confiança nesse projeto. E ao time ímpar da editoria, que, como sempre, fez deste livro uma obra melhor. Marcelo agradece a Leandro de coração, pelo interesse e prontidão em participar desse projeto, pela sua sabedoria e saberes.

Este livro foi composto na tipografia Minion Pro,
em corpo 12/16,5, e impresso em
papel off-white no Sistema Cameron da
Divisão Gráfica da Distribuidora Record.